雲門宗叢書

主　編　釋明向
執行主編　馮焕珍

大藏經綱目指要録

下

[宋]惟白　集
夏志前　整理

上海古籍出版社

大藏經綱目指要録卷第五

東京法雲禪寺住持傳法佛國禪師　惟白　集

器欲難量。墨悲絲染，詩讚羔羊。景行維賢，剋念作聖。德建名立，形端表正。空谷傳聲，虚堂習聽。禍因惡積，福緣善慶。尺璧非寶，寸陰是競。資父事君，曰嚴與敬。孝當竭力，忠則盡命。已上總六十八函。

器　十卷

觀察諸法行經

《觀察諸法行經》，四卷。

一、喜王菩薩問：「云何得入三摩地？」佛云：「決定觀察諸法行，所謂如説如作，如作如説。身浄、語浄、意浄，求於利益，作朋友心。不爲求欲，不捨於悲，不爲取法。」五百三十餘句法門，合諸法行及偈。

二、《勤相應品》，佛言：「應覺諸法，不依不出，不滅不作不生。」及十六字法門，諸陀羅尼，此云總持。及説偈言，并過去佛所，曾聞如是諸法，行一切法門。

三、喜王與會中三万菩薩，聞説末世佛法破壞，各各涙雨，發願護助佛法，各説偈言。佛説過去佛所，三万王子發願，即此大士也。

四、佛説過去輪王如來所，寶月輪王子法上，聞是法門，乃今喜王菩薩是也。

法集經

《法集經》，六卷。

一、佛會所有無所發菩薩，發二十問，奮迅慧每問答十。如問云「何知如來生？云何是如來真實身？」等。

二、答能知空所對法，十二因緣，世出世一切法義趣。

三、答八解脱，九次第，十遍處，六神通，無漏根等諸法妙義。

四、答如來十力及對治法門。

五、答心念處十念諸法門義。

六、爾時大惠、觀意、堅意、文殊等諸菩薩，各以所見問佛，佛即隨問答之，皆所修所行法義。

復告阿難云：「無所發菩薩過去佛所，曾行是法也。」

欲 三經

廣顯三昧經

《廣顯三昧經》，四卷。

一、《得普心智品》，龍王至佛所發問，佛答云：「有一法，速起道意，不捨衆生，所謂一行。」復説三十二事，得普心智也。

《清净道品》，龍王云：「若此法門，明賢所由，得清净道。」佛云：「菩薩行有八直正道，當勤受持，及行六度無極也。」

二、佛爲龍王演説妙法，即入諸善法。知道無求無習無不習，即請如來入宫受供。佛將諸大衆詣龍宫，説無欲行法門，化諸龍衆。

三、龍衆各云：「今值佛法，已生深信。」各説偈讚。佛復説轉法輪因緣，决諸疑難。與須菩提廣論法義，令諸龍衆各聞所未聞也。

四、龍王問：「不起法忍，當云何得？」佛云：「忍不生色、受、想、行、識，是不起忍。」龍子問法，空生詰問。佛乃微笑，爲龍王封拜，如定光授記我也。

菩薩處胎經

《菩薩處胎經》，七卷。

一、《天宫品》，佛説離天宫，來王宫受生。

《遊步品》，佛説在胎中舉一步，過無數佛刹。

《四諦品》，佛説胎中亦修此法，成無上道，以多修習法力故也。

二、《佛樹品》，佛化七寶樹，遍滿世界，現諸神變。

《三世等品》，佛若入滅，誰度衆生？佛若不滅，今在何界？佛讃喜見菩薩，能作師子吼。佛與衆生，但假名耳，本無生滅相故。

三、《想無想品》，佛告彌勒：「今當識想受，無識、無想、無受也。」

《不住品》，佛言：「過、現、未五陰，清凈不住、不不住，色相不住不不住。」

《八種身品》，佛説見地、薄地、凈聲聞地、獨覺地、辟支佛地、菩薩地、佛地，現大神力。

《全身舍利品》，佛云：「我所行功德，捨身受身，非一非二，今當略説。」

《常無常品》，諸菩薩讃，如來降神，不可出一入一，變化無方，或碎身，或全身。

四、《隨喜品》，頂王菩薩，從東方來至佛所，隨喜此神力。
《五道尋識品》，佛在胎中，示現神力，令諸菩薩皆如佛相。
《定不定品》，常笑菩薩問佛，即現神變。如來示相，定亦不定也。
五、《入六道品》，佛在胎中，示現與一切種類，常笑隨機感故。
《轉法輪品》，佛在胎中，現五神通，破外道所習。
《識住處品》，普慈菩薩問：「今此識法，住無所住。爲識致身，爲身致識？」
《善權品》，佛示現權變，無窮無盡，不可測量故。
六、《無明品》，佛示現無明結，令有情依此修習。
《苦行品》，佛言：「曾爲諸天諸宿伴黨，故現苦行。」
《四道和合品》，佛告遍光菩薩云：「聲聞、辟支、菩薩、佛，此四一體。」
《無二意品》，蓮華菩薩問：「此道所趣，爲有意耶，爲無意耶？意是果非果耶，是見非見耶？」等。
《定意品》，持空菩薩問：「云何菩薩度苦衆生？」佛云：「令聞苦聲捨世間法也。」
《光影品》，佛在胎中，示現光影，令在會四衆，皆同佛之金色。
七、《破邪見品》，佛在胎中，示現入正定三昧，顯過去在雪山同諸仙，修苦行時獻花，定光佛授記。

《變化品》，文殊接化世界來此界，佛胎中亦無礙無障。

《八齋品》，智積菩薩問，如來爲説八聖賢齋法，即八戒是也。

《五樂品》，佛説，帝釋諸天與修羅戰，手執樂器。

《緊陀羅品》，佛説過去因地也。

《香神地神品》，佛説本因緣起也。

《人品》，法印菩薩問：「何者是人，人從何生？」佛云：「四大洲中皆非人種，彌陀佛國、阿閦佛國，我今現前大士，乃人種也。此外盡非人種，何以故？從無始來，乃至成佛，中間并不作惡，常修身口意浄業，是人也。」

《行品》，法印讚云：「快説人種不可思議，或修浄行，或修天行。」

《法住品》，佛囑彌勒：「我滅度後，流通此菩薩處胎經典，利樂一切有情，令修妙行。」

施燈功德經

《施燈功德經》，佛説：「若有人，以燈光照佛塔廟，而爲供養。及照一階道，乃至十階道，得無量福德果報耳。」

難 三經

央掘摩羅經

《央掘摩羅經》，四卷。

一、受邪師教，殺千人取指爲鬘。將害其母，佛即往化。魔羅見即逐云：「住住大沙門，當今稅一指。」佛答云：「住住央掘摩羅，此云世間境，我是等正覺。」往反辯擊，投佛出家，佛令向母悔過。即來佛所，鬚髮自落。天帝來上天衣，即不爲受也。

二、魔羅與諸天諸大弟子及文殊，論議説頌，往反徵詰，自謂强梁。

三、魔羅成大比丘，即得神通。問：「云何住解脱際？」佛云：「汝與文殊往東方佛所，而問此義，遂往展轉，而指至十方佛所，皆問此義，一一佛不答，即指魔羅、文殊歸如來所，而爲宣説此妙義也。」

四、佛與魔羅、文殊，廣論法義。天帝來問，欲受持此經。波斯匿王，將四兵來戰。魔羅見已在佛所出家，即問所以。佛云：「南方大精進如來，示現爲魔羅。北方寶積如來，現爲文殊。」爾時會中，聞者皆悉歸仰讚歎。

無所有菩薩經

《無所有菩薩經》，四卷。

一、心念云佛，云何無所著？云何得菩提？佛知心念，即爲説偈，因以偈往復也。

二、佛爲難調伏害人者説法，即得無礙解，成偈答佛。天帝來問：「此難調伏害人者，何故有此智慧？」佛云：「五百生作蛇，唯只害人害物，曾爲法師故，有智慧耳。」

三、佛記難調伏爲利上如來，復説，過去爲比丘，通利教法。將領徒衆，見益上比丘，生嗔恨心不止，遂墮蛇中，及入地獄，今遇我得解脱道。

四、頻婆羅王女及城中女衆，隨花到佛所，見佛相好，并見無所有菩薩相。各發上品心，因轉女身爲男身。王至佛所見是事，已生希有心。佛説過去此女衆發心因緣。

明度五十校計經

《明度五十校計經》，二卷。

上、佛告諸菩薩，有能校計不能行，有能行不能校計。此校記有五十種法，如癡百八、疑百八、顛倒百八、欲百八、墮百八，愛栽識諸種，共十百八校計法數也。

下、佛説生死百八校計等法門，然此經乃漢安息國三藏所譯也。當時漢梵語未全，方言未順，所云校計者，即謂思惟耳。

量 五經

秘密藏經

《秘密藏經》，二卷。

上、東方大法音世界寶杖如來所，莊嚴王菩薩至佛所，問秘密藏法門。佛云：「如來秘密藏，則一切智心堅固守護，不捨不退。」

下、佛云：「菩薩有四障法，應當覺知。毁謗正法，秘悕惜法，懷增上慢，修無色定，是爲四也。」已次法門，或説二法，或説四法，莊嚴王與迦葉擊揚如來秘密藏法門正要義。

中陰經

《中陰經》，二卷。

上、佛説五弘誓：一當生之時，六種震動。二周行七步，十方佛來助。三不成正覺，不起于坐。四諸魔競來，必不怯弱。五入於中陰，教化衆生。是爲五也。如來神力思惟，中陰極微細，乃放光照，十方佛各説處中陰，而能教化衆生也。

下、佛以神力，令此界上至非想，下至地獄，皆同金色光照。復爲菩薩人天，説如來妙覺中陰。識非想非非想識，極是微細，聞者得道。

月上女經

《月上女經》，二卷。

上、月上生而端正，世間無比，國王大臣皆欲强奪。如來神力，助發夙世善根。與舍利弗論議，施無礙辯，人天共集歡喜。

下、舍利弗及諸大弟子，同月上至佛所。文殊諸菩薩，各與論議。佛化千蓮華帳，月上奉佛，記爲月上如來。於佛法中出家，現得道果，悉讚仰也。

文殊問經

《文殊問經》，二卷。

上、文殊問戒願般若習氣來去義旨及世間戒，佛廣爲分別解説，其義趣深遠也。

下、文殊問佛，滅後及諸弟子，於如來言教，分諸部類。乃至僧祇毗尼，及問如來法身，爲復以身爲法，以法爲身？佛答其妙義深旨也。

大法鼓經

《大法鼓經》，二卷。

上、佛在靈山，波斯匿王擊鼓吹唄，來詣佛所。佛告人天：「吾將爲説大法鼓經。」迦葉問言：「佛云喻波斯匿王戰鬭之時，擊其大鼓，四兵交戰得勝者賞。我諸弟子，修習佛道之時，與四魔大戰，擊動大法鼓，得勝者，以法繒冠首賞之。」

下、佛爲迦葉説《大法鼓經》，以謂魔來破持戒之人，宜須擊法鼓戰退。迦葉乃發願，乍入地獄不忍聞破戒之音，種種發大願力也。

墨　五經

密嚴經

上、如來入自智證境，神通變現一切佛國土，唯密嚴佛土超諸佛土。上方亦過者，金剛藏菩薩問菩提者是何句義，佛即答之。

《妙身生品》，如實見菩薩問，如何得意生身及神通力，入於密嚴無我法門？諸菩薩各各相問，各各爲答。

中、大光菩薩聞説密嚴微妙功德，白金剛藏云：「一切世界色像，是誰安立？」及問解脱等義。復爲螺髻梵天，説受胎分相心所取境而成身，當修觀行合密嚴佛土解脱寂滅殊勝境界也。

下、金剛藏大神變光照，及自識境界，説阿賴耶識猶如雪山，有一惡獸，詐現諸相，食一切諸獸。阿賴耶識亦復如是，能起我我所一切執見，壞諸衆生法身慧命，由是不能入密嚴佛國土殊勝境界。

造像功德經

《造像功德經》，二卷。

上、佛在天宫，王思念佛，以旃檀往彼刻作佛像。佛自天宫下躡寶堦，蓮華色比丘尼化輪王儀仗先見佛，佛責之。

下、佛説造像所得功德，及來世男子女人，或木或泥，或畫等作佛像者，諦觀佛相好，志心思十力四無所畏所作功德等事。

善惡業報經

《善惡業報經》，二卷。

上、浄信菩薩問：「末世灾害修行，多諸魔障，如何即是？」佛敕地藏爲説云：「宜細占察善惡吉凶果報，用木作輪，四平正圓。以十善對十惡，擲轉占其善惡業緣。」

下、地藏爲浄信説修進大乘法門，令過去所作惡業消除，而成道果也。

蓮華面經

《蓮華面經》，二卷。

上、佛入拔提河浴，告阿難云：「我更三月入滅。」天龍八部悉皆集會悲惱，佛説末世比丘過惡破戒所作罪相。

下、諸天子及諸神衆，各各流淚，説偈讚佛，悲惱無涯。佛告云：「我滅度後，國王興崇正法。後有外道子，名蓮華面，破壞正法及鉢等法物。」

悲　三經

五佛頂經

《五佛頂經》，四卷。

一、佛說一字頂王、超勝頂王、光聚頂王、勝頂輪王佛眼大明咒，及說畫像一切持誦恭敬法則儀範。

二、佛爲金剛密迹，首說修五佛顶咒三昧法門及諸神咒一字頂王咒，稱揚其功德力無量無邊。然此密咒，至簡當也。

三、佛說受持五頂王咒結印法，及如來咒心印檀印等印。

四、佛說五頂王修證悉地法門及諸密咒，皆如來大慈，普利有情。

寶樓閣經

《寶樓閣經》，三卷。

上、佛在王舍城，有大華花從地漏出。花中出聲，說陀羅尼。菩薩發問，佛云：「此名大寶樓閣妙陀羅尼。」佛令密迹將杵叩地，妙寶樓閣忽然涌現。閣中三有如來，所謂寶花王如來，金剛超勝王如來，净光明王如來。佛開閣門同坐，説過去三仙人聞陀羅尼，於此地没生三竹，竹中生男子，坐樓閣中説陀羅尼，此云總持，而成正覺。此三如來是也。净居天子爲説咒，即我身是也。

中、佛説持心咒及置壇用物等法。

下、佛説結印法，運手、安手、屈指、用臂等。

一字心咒經

《一字心咒經》，佛在净居天，放光普照十方。光中忽然作聲：「我是一字輪王心咒。」其光復入如來頂云：「我是如來智慧一字心咒，咒曰部林。」

絲　十卷

大佛頂如來密因修證了義諸菩薩萬行首楞嚴經

大藏性廓周，普容法界佛覺定妙圓，應機示相頂最勝超倫，高不可及如來智實無涯，名稱自在密因定慧雙融，識情難測修證因圓塵劫，果滿剎那了義究竟寂滅，顯明勝性諸菩薩海會相入，覺明普照萬行一心本具，廣利有情首楞嚴妙定湛然，堅固不動經唯此言說，詮明性相。

一、如來頂上放百寶光，化佛說咒，令文殊往魔隥伽，此云本性家，救護阿難。歸至佛會，七處徵心，皆非真實。佛咄云「此非汝心」等義。

二、佛爲波斯匿王說不生不滅性，爲阿難辯八還見。文殊只一無二，文殊指月爲喻，以顯妄見衆生顛倒，說五陰虛妄，空生執著。

三、佛說十八界七大性，各各周遍。本如來藏妙真如性，衆生識情分別，乃至執著，不悟無常。阿難聞已，說偈讚佛功德。

四、佛說金、風、空、水四輪所起，三因、三緣、五濁，演若迷頭，六根所得功德多少，一六七義。佛敕羅睺羅擊鐘，果地法與因地法相應。

五、佛說解結，摩阿難頂。十方佛同音讚歎，佛即說偈。尋取花巾綰結，以示大衆，令各說於佛法中如何悟入法門。憍陳如等二十四大士，各說已所悟入圓通。

六、觀音大士說悟入圓通法門，佛敕文殊，說偈辯其二十五大士所悟偏圓。阿難復問如何修證，如來說三決定義，令其有情，悉斷其因，不受果也。

七、佛說四種律儀及誦咒壇儀法則，復說四百二十七句白傘蓋咒，誦持者功德無量。阿難復問進修，佛云衆生，世間顛倒，相續無休。

八、佛説修進五十七位法門，文殊請問名題。復説斷十習因、六交報業相、十二類生輪轉生死、六道循復無息也。

九、佛説修四禪八定諸大所報，却回紫金光，凭七寶几，告大衆云：「汝等當知，微細魔事。五陰中一陰十種，成五十也。」

十、佛説想陰、行陰、識陰區宇，各有十魔。五種妄想，微細心識中，惑念皆是三摩提、奢摩他中，用心現境。取著成魔，不取成善也。

右《楞嚴經》者，乃我佛將欲示滅，而談此典。直顯如來藏性，深明堅固妙定。所謂《法華》後陣，《涅槃》先鋒也。四百年前，南天竺國僧伽藍藏中，一夜出十道光明，騰照此方。三藏般剌密諦，見斯瑞已，潛將涉海，而至唐朝。值則天權國，未暇流通。復回廣州，依制旨寺，遇相國房公融出鎮，遂成翻譯，以藉潤綴方言。後西洛興福寺慤法師，夢文殊騎師子入口，作于《玄賛》。荆渚振法師，金陵節法師，資中允法師，各隨所悟，造疏釋義。炎宋四葉，仁宗皇帝金輪統化，曠古未有也，佛祖妙道，盛乎斯時。長水璿公，裁四師科注，成一家疏義。内翰錢公易聞奏，相國王公隨作序。由是天下至今源源而講唱，其如前後禪律諸宗，或解或注，或集或指，殆盈三十餘家。亦各隨方闡揚，皆助吾皇聖治，成其美化也。

染 二經

毗盧遮那成佛經

《毗盧遮那成佛經》，七卷。

一、秘密主、金剛手二大士，問菩提心義，一切智智。佛云：「尋求自心，以本性清净故。」

二、佛爲秘密主諸菩薩，説神咒秘語及諸偈阿多迦字法門等義及功力也。

三、佛説成就世間曼荼羅尊所印法門諸神咒等及偈言。

四、佛言：「以定慧指、智慧拳，旋復交羅，結成妙印，誦此秘密神咒。」

五、佛説字輪神咒能成一切咒，及説偈，長文中，演其咒功力殊勝無量。

六、佛説學處方便修十善業，百字成就諸法門偈妙義。

七、佛説偈文神咒，雖然廣多，在志誠誦，一句一咒，久成其功也。

童子請問經

《童子請問經》，三卷。

上、佛會中，童子蘇婆呼問：「修行持咒，不速成就，爲有魔耶？不如法耶？」一一問其不如法事，金剛菩薩大藥叉將，答其所問，分別其義。

中、童子聞説是法，諸障難事悉已除滅，復説誦咒用水用心等儀則。

下、爲童子説八正道，諸天諸神各有神咒也。

詩 三經

金剛頂念誦經

《金剛頂念誦經》，四卷。

一、大唐南天竺三藏金剛智，於《金剛頂瑜伽分》中，略出成四卷，助修習瑜伽定者，易成就也。

二、如來入諸三昧，一一三昧中，顯如來心。一一心中，説秘密神咒。

三、佛説受持金剛瑜伽法印，立壇畫像，用物法則規式。佛成道未久，而演斯耳。

四、一切如來所遊戲笑，金剛智心大精進智力，一切法門及一切神咒，若誦持者，護自身國土也。

蘇悉地羯磨法

《蘇悉地羯磨法》，三卷。

上、唐中印度三藏善無畏，於金剛蓮華部，略出此秘密神咒及供養法，令人誦持。

中、明王手印及諸印法并神咒，細而結成印誦咒，其功力成就。

下、佛部、金剛部、蓮華部中，各用物及線，或青或黄等，皆不離自身。

牟梨曼陀羅咒經

《牟梨曼陀羅咒經》，佛説，若人受持此咒，殊勝無量。如多雨咒，白芥子投龍穴中，雨即止。或咒安息香，咒風即風止，咒鬼即鬼去。受説一切密咒，其功力不可思議也。

讚　十九經

七佛神咒經

《七佛神咒經》，四卷。

一、維衛佛、式棄佛、隨業佛、拘留孫佛、拘那含牟尼佛、迦葉佛、釋迦摩尼佛，各説神咒，救度衆生。

二、佛説曠野鬼神等咒。

三、首羅天憫念衆生等神咒。

四、文殊、觀音諸菩薩，各説四宏誓願、四攝法等一切法義，廣度一切衆生也。

大吉祥神咒經

《大吉祥神咒經》，四卷。

七佛神咒，護持國土及諸衆生。若有受持，依法立壇結印，專心誦持，殊勝難量。

文殊法寶藏陀羅尼經

《文殊法寶藏陀羅尼經》，佛放光入文殊頂，密迹主請問，佛説緣起，及説文殊、普賢諸菩薩神天，爲千聖王、千比丘、千梵志、千婆羅門等，次第修行，作賢劫千佛。

止風雨陀羅尼

《止風雨陀羅尼》，如來出竹林園，路遇大風雨，佛説十方止雨止雹等咒及受持法則耳。

七寶咒

《七寶咒》，佛説一神咒語。

鼓聲音王咒

《鼓聲音王咒》，彌陀佛國説此神咒。

八名普密咒

《八名普密咒》，一功德寶藏，二莊嚴象取，三勇猛，四勝諦雲，五成熾然，六微妙色，七嚴飾，八金剛。若得聞者，獲福也。

六字咒

《六字咒》，消宿食，除病苦。

拔苦咒

《拔苦咒》，兩神咒，有殊勝功力。

護童子咒

《護童子咒》，大梵天王詣佛，説此神咒，使一切童兒不被鬼神惑。

六門咒

《六門咒》，誦此咒者，得成菩提。

觀音普賢咒

《觀音普賢咒》，過去月光佛所，聞此咒語。今對如來，重説利益有情。

阿吒大將上佛咒

《阿吒大將上佛咒》，大將對佛説此神咒，護持國界一切衆生。

諸佛心咒

《諸佛心咒》，此咒即是一切佛心。

大普賢咒

《大普賢咒》，持者誦者，除病除鬼。

玄師咒

《玄師咒》，對佛説此咒，解冤賊劫等。

持世咒

《持世咒》，佛爲妙月説此神咒，能護世護身。

摩尼羅亶經

《摩尼羅亶經》，佛説此經，此咒遣一切邪鬼。

安宅咒

《安宅咒》，佛爲離車長者五十人等，説此經此咒。令在家者，依此法則誦持，以安宅招吉慶祥應也。

羔 二十六經

千佛因緣經

《千佛因緣經》，拔陀波羅問佛：「以何因緣，賢劫中次第作佛？」佛云：「過去寶焰王如來出世，有光德輪王千子，於蓮華德問善稱比丘，云何名佛法僧，即爲解説。千子聞已爲千梵天，爲千聖王、千比丘、千梵志、千婆羅門等，次第修行，作賢劫千佛。」

魔逆經

《魔逆經》，文殊爲諸菩薩説五體悔一切過法門，若能如是悔過，不墮邪鬼，即得道意。

本起經

《本起經》，佛買花上定光如來，布髪掩泥。

金剛頂經

《金剛頂經》，文殊説金剛焰五千字等一切神咒。

菩提心經

《菩提心經》，迦葉夢大蓮花，花中見月輪相。白佛，佛云：「汝將得大利。」復問：「得何大利？」佛云：「一切智心菩提心，能利大有情，故云大利也。」

莊嚴王經

《莊嚴王經》，佛爲王及金剛諸菩薩等，説一切功德莊嚴王法門，復説觀自在神咒。

隨求得大自在咒

《隨求得大自在咒》，佛爲梵天説此神咒。

智炬咒

《智炬咒》，東方智炬如來説此神咒，與人作大明炬。

佛集會咒

《佛集會咒》，如來彈指，十方佛同集，同音説咒。

賢首經

《賢首經》，佛爲瓶沙王夫人，説速疾離女身一法，所謂自證菩提也。

佛地經

《佛地經》，佛爲妙生菩薩，説五種法攝大覺地，所謂清净法界、大圓鏡智、平等性智、妙觀察智、成所作智。復爲解説其義。

教誡經

《教誡經》，佛臨滅度，教誡諸比丘，持戒、習静、修善、精進、行道，不得放逸，莫貪利養，莫求名聞。

百千佛咒

《百千佛咒》，佛云：「若人寫此咒，安一塔中，如造百千佛塔。」

莊嚴王咒

《莊嚴王咒》，佛云：「三萬如來，同音宣説此神咒。」

香王咒

《香王咒》，若誦持者，無願不滿。

滅十方冥咒

《滅十方冥咒》，佛为善悦童子，説十方佛名，令持誦禮念。

佛印三昧經

《佛印三昧經》，佛坐三昧放光，文殊等俱咒也。

文殊涅槃經

《文殊涅槃經》，佛説文殊無量神變，及成佛化土涅槃等緣。

如意輪咒

《如意輪咒》，觀自在説此神咒，有誦持者，無不如意。

除罪障咒

《除罪障咒》，文殊請問，佛説此大力咒，能除罪苦。

最勝心咒

《最勝心咒》，虚空藏説此咒。

善夜經

《善夜經》，佛説此咒，能破一切黑闇，得其明了。

心明經

《心明經》，梵志婦施佛一鉢米汁，即轉女身，記爲心明如來。

鹿母經

《鹿母經》，如來因中，爲鹿産二子。獵人將去，即以身代之。

月明菩薩經

《月明菩薩經》，佛爲説在家布施法，聞已悟解。

面燃經

《面燃經》，面燃大士來至阿難所，求其出離。乃爲白佛，遂置斛食，説去神力等法。

羊 二十二經

最上王經

《最上王經》，佛説此經，若有人受持及聞者，得無量福。

商主天子經

《商主天子經》，天子至佛所問法要，佛敕文殊，爲説一切智智得達法彼岸。

德光太子經

《德光太子經》，佛爲賴吒和羅説法要義，復云：「過去爲德光太子，於吉義如來所，修行是法出家，汝等當依如是修行出家耳。」

三摩地經

《三摩地經》，諸菩薩各現神變，諸天集會，如來復現光明，賢護發問，佛云：「有三昧，名寂照神變三摩地法也。」

大意經

《大意經》，佛因地中爲長者子，名大意。入海求明月珠，被海神所奪因緣。

堅固女經

《堅固女經》，至佛所發菩提心，佛説其因云：「過去千女，同名堅固，星宿劫中成佛。」

大乘四法經

《大乘四法經》，文殊爲善勝天子衆，廣説四法義門也。

流轉諸有經

《流轉諸有經》，佛爲摩揭陀國王，説一切衆生虚妄流浪六道。

灌臘經

《灌臘經》，佛爲人天，説四月八、七月十五日浴佛等法，使人天求其福利。

斷肉經

《斷肉經》，佛説因中爲師子，爲素馱婆王，食肉，至今日成佛果。

授記經

《授記經》，佛爲國王夫人差摩婆帝説法，授記成佛。

造塔經

《造塔經》，佛爲觀音諸王諸天説造塔，所得功德殊勝利益。

妙色王經

《妙色王經》，佛因中爲妙色王，捨身求法，藥叉爲説四句義。

法印經

《法印經》，佛爲海龍王，説四句義，名爲法印，行常生滅等也。

八佛名經

《八佛名經》，佛爲長者子善作，説八方八佛名號，令受持滅罪生福也。

師子莊嚴王經

《師子莊嚴王經》，問：「佛若何所修得如是報？」佛云：「過去修八曼荼壇法得如是。」

禮佛法經

《禮佛法經》，佛告離垢慧菩薩云：「若禮佛時先願云：我禮十方佛，五體投地，願離五蓋得五力，具五通成五眼等願。」

有德女經

《有德女經》，來至佛所問云：「在鹿林時説何法？」佛爲説十二因緣，聞已即得道果。

繞佛塔經

《繞佛塔經》，佛説繞佛塔所得功德。

不增不減經

《不增不減經》，舍利弗問：「衆生界衆生海，爲有增耶？有減耶？」佛云：「若作增減，是大邪見。法身流轉，皆如來藏性耳。」

七佛名經

《七佛名經》，佛説東方七佛名號，受持者所生功德，無量吉祥。

法住經

《法住經》，佛將涅槃，爲阿難曰：「吾轉法輪，利樂有情，汝等護持，不令滅没。」乃説展轉五百年解脱、神通、智慧、塔寺、鬪諍次第堅固也。

景 二十三經

金剛三昧經

《金剛三昧經》，佛從金剛三昧起，爲解脱菩薩心王等，廣説此三昧境趣。其旨深玄，亦注其義者，行於世間。

净行法門經

《净行法門經》，佛爲毗佉母五百優婆夷，説修行净行法門。佛及輪王相好，皆修净行，所招，因中如是所修。

内習六波羅蜜經

《内習六波羅蜜經》，佛説現前六根中微細調伏，自然清净，成六度行門也。

飼餓虎經

《飼餓虎經》，爲薩埵王太子時捨身緣。

慈心不食肉經

《慈心不食肉經》，佛説：「彌勒因中爲光明仙人，遇佛修大慈三昧，不食兔肉，誓不起煞心。從是已來，身相端嚴金光也。」

樹提伽經

《樹提伽經》，因風吹白氎，王來見，富貴過過。佛説：「過去爲商主，供養病道人，即我身也。」

天王太子經

《天王太子經》，問云：「世間人所求，實有求人不？」佛云：「譬如影響相隨。」

過去佛經

《過去佛經》，佛云：「過去佛將諸弟子入城，懷妊女人見願：我腹中生兒亦如相好。果如所願，即將詣佛所，出家成道，則我身也。」

十二頭陀經

《十二頭陀經》，一蘭若，二乞食，三一食，四節食，五次第乞，六中不食，七弊衣，八三衣，九塚間，十樹下，十一露地，十二長坐等。

金剛三昧不滅不壞經

《金剛三昧不滅不壞經》，佛入諸三昧，彌勒發問，佛云：「有百三昧，得入金剛三昧。所謂性空王乃至法印王三昧，佛因中亦如是修。」

長者法志妻經

《長者法志妻經》，佛入城持鉢，見佛相好，發於道意。佛爲説法，轉女爲男。

薩羅國經

《薩羅國經》，國中豐樂王及大臣人民放逸，佛往化之，爲説法，各發道意。

法滅盡經

《法滅盡經》，佛欲入滅，爲阿難言：「法欲滅時，魔作比丘，作於非法。設有持戒弘法者，亦被憎疾，今日已見是事耳。」

長壽王經

《長壽王經》，佛因中爲王名長壽，太子名長生，被貪王所奪。國王父子俱逃，遇婆羅門，捉與貪王。見殺太子，不忍報仇，恐違父王慈訓。

師子月佛本生經

《師子月佛本生經》，婆須密多比丘養千獮猴，身皆金色。過去定光佛曾爲授戒，婆須密當來作佛，號師子月如來也。

十吉祥經

《十吉祥經》，佛説東方十佛名號，若求佛道者，持此名最爲吉祥。

回向經

《回向經》，佛爲人天，説修慈身行、修慈口行、修慈意行，一一回向菩提。雖是小善，即成大果。

庵提遮經

《庵提遮經》，父請，佛至受供。以殘食令化女將與提遮，即出與文殊、舍利弗論議。乃云：「此女能作大師子吼，有如是辯也。」

三品弟子經

《三品弟子經》，佛説上中下三等，持戒修行，發心向道，各有勝劣故耳。

法常住經

《法常住經》，佛云：「法者常在，有佛無佛，法住如故。」會中聞者，獲無生忍。

八大人覺經

《八大人覺經》，一覺世無常，二覺多欲，三覺心不足，四覺懈怠，五覺愚癡，六覺貪怨，七覺欲過患，八覺生死。常如是覺，是大人覺也。

四輩經

《四輩經》，佛言："「我滅度後，四衆弟子護持我正法，各守慎身口意，令三業清净也。」

當來變經

《當來變經》，佛言："「當來世比丘不守禁戒，習俗人法，貪著利養名聞，不慕弘道，當知法滅如是也。」

右大乘經二百單一帙，實如來説中道。玄門理趣，在於斯矣。其次經律論，則隨機而説也。

行 十卷

菩薩地持經

一、《種性品》，佛云："「須得十法具足：一持、二相、三翼、四净心、五住、六生、七攝、八地、九行、十安住。持此十法，住菩薩地，分別多義種性六度行也。」

《發菩提心品》，住菩薩地，發等覺心。

《自利他品》，持菩薩浄戒，自利利他，廣攝化群品耳。

二、《真實義品》，佛説實法性、事法性，以從久遠劫來，入無我法及微細妄想。

《力品》，佛説聖力、法力、俱生力，能修菩薩地。

三、《成熟品》，佛説一性、二人、三分別、四方便、五人相、六自性，此六成熟，方能修行無上菩提心。佛云：「斷二種障，得二種智，煩惱永盡，是名無上菩提。」

《力種性品》，佛云：「已説菩薩學處，今當説菩薩善學修解，求一切法，爲人説一切法。」

四、《施品》，佛云：「一自性施，二一切施，三難施，四一切門施，五善人施，六一切行施，七除煩惱施，八樂施，九清浄施。能行此九種施，修菩薩行。若勤行之，即成妙行。」

五、《戒品》，佛説九種義，菩薩持犯開遮輕重罪垢律儀善法饒益等戒。

六、《忍品》《精進品》《禪品》《惠品》，佛於一一品中，説九種義，各廣演所修行相。

七、《四攝品》，佛説：「布施、愛語、利行、同事，攝化二行，演九種義也。」

《供養習近無量品》，佛云：「若人供養於佛，習近知識，行四無量心，是菩薩行也。」

《菩薩品》，佛云：「若菩薩知慚知愧，發上品心，是真修行也。」

八、《功德品》，佛云菩薩地修持大乘浄戒，所獲殊勝浄妙功德，及廣説法要。

九、《浄心品》，佛云：「有七種義：一無畏，二巧便，三不厭，四不求，五不貪，六廣大，七平等。」復解説其義，多有法相，皆菩薩地所修。

十、《生品》，佛云：「一息苦生，二隨類生，三勝生，四增上生，五最生。」

《攝品》，佛云：「一頓攝，二上攝，三取攝，四久攝，五不久攝，六後攝也。」

《地品》，佛云：「如來地、菩薩地、性地、行地、浄心地、决定地也。」

《行品》，佛立波羅蜜，二菩提分，三神力，四成熟衆生，此四行也，經中菩薩地行相無量，略撮一義兩義，以見分段。

維 二經

菩薩善戒經

《菩薩善戒經》，九卷，前經同本異譯。

浄諸業障經

《浄諸業障經》，無垢光比丘持鉢，遇淫女咒術力，共行欲事，歸以自責投佛。佛問：「汝有心耶？」曰：「我無心也。」佛云：「汝既無心，云何言犯？」云云。

賢 三經

梵網經

《梵網經》，二卷。

上、毗盧遮那如來，坐大蓮花師子座，說心地法門十善戒、菩薩戒、一切戒法義，令人受持也。

下、爾時如來於此《心地法門品》，略說《一毫戒相十無盡藏戒品》，乃說偈言，復說十重四十八輕所犯罪及懺悔法義。

十善戒經

《十善戒經》，佛說除去十惡業，修習十善業及三皈戒法一切法義。

優婆塞戒經

《優婆塞戒經》，七卷。

一、善生長者至佛所問云：「外道令禮六方，未知如何？」佛云：「我法中亦有六方，所謂六波羅蜜，汝勤行之。」

二、佛告善生，令發願修佛相好一切法門義。

三、佛爲善生説四攝法。

四、佛爲善生説六波羅蜜義。

五、佛爲善生説捨去慳貪等。

六、佛爲善生説三皈依、五戒相等義門。

七、佛爲善生説作惡煞生等業報。

剋 六經

佛藏經

《佛藏經》，三卷。

上、舍利弗云：「如來於無相法中，善説諸法實相。」佛即説其義，令念佛、念法、念僧、念戒、念天、念施。

中、佛説破戒持戒過惡,《浄法品》中,演清净行相。《往古品》中,明過去莊嚴如來法中比丘衆。或持戒,或破戒,果報善惡也。

下、《浄見品》,佛説,過去作無數輪王,經無數劫,事無數佛,皆不得記,以有所得故。至定光佛時,以五花無生心施,乃得授記。復説邪見破戒比丘,是世間佛法中大賊。佛苦口垂訓,正爲今日出家人。

菩薩戒經

《菩薩戒經》,彌勒説修浄戒相法。

菩薩瓔珞經

《菩薩瓔珞經》,二卷。

上、佛説菩薩瓔珞本業法門,所謂修十住、十行、十回向、十地等名字,唐梵雙語也。

下、佛解説四十二位聖賢因果觀行戒相開遮,令末世比丘精進受持。遂付囑阿難大衆,廣宣流布。

菩薩戒羯磨文

《菩薩戒羯磨文》，二本。彌勒説在家出家，受三聚净戒法門義相。

善戒經

《善戒經》，優波離問佛云：「凡欲受菩薩戒，先受五戒十戒，潔净身器，懺悔過咎，投誠乃可受也。」

念 六經

文殊净律經

《文殊净律經》，寂頓音天子云：「寶英如來土中有何超異，仁者樂住彼中？」文殊云：「不興貪欲，亦不滅。不起嗔恚，亦無所盡。不達愚癡，亦無所際。不造塵勞，亦無所壞等。」

寂調音經

《寂調音經》，一卷。

清净毗尼經

《清净毗尼經》。

已上二經，前經同本

内戒經

《内戒經》，佛爲文殊及人天衆，説自皈依及諸微細戒法，令比丘依依而行之。

十善業道經

《十善業道經》，佛在龍宫，爲龍王説十善業清净戒法，令信受奉行。

五法懺悔文

《五法懺悔文》，十方三世佛，五眼照世間。三大無不知，明達罪福相。我等從無數劫來，不遇知識，造一切罪，犯戒謗法，斷善惡等罪。一一雨淚，投誠洗雪懺悔。

法律三昧經

《法律三昧經》，佛爲四衆，説此法律三昧，十二種自燒法義，此等不可度脱也。

優婆塞五戒經

《優婆塞五戒經》，佛爲在家菩薩説此戒經，微妙教訓，依行獲利無量。

大乘三聚懺悔經

《大乘三聚懺悔經》，佛告舍利弗，若人發心住聲聞辟支大乘地，先當憶念十方現在佛，爲我作證、作眼、作智、作勝。懺悔發露無始時來所作一切罪，咸乞消除懺滅。

菩薩藏經

《菩薩藏經》，佛告舍利弗，若人欲懺罪業求證菩提，先皈依十方佛，稱其名號。一一發露懺除先罪，今不復更作是罪。

文殊悔過經

《文殊悔過經》，文殊爲齊光菩薩，説懺悔過去所作一切惡業。宜以口自發言陳露，無量劫來到于今日，所作一切惡行惡業，願皆除滅。

跋陀羅經

《跋陀羅經》，答文殊云：「若欲求菩薩道，當晝夜稽首十方諸佛，作禮悔過。諸所作惡，今日已往，當忍忍之，當禮禮之也。及説諸業相，今一一披誠懺悔。」

舍利弗悔過經

《舍利弗悔過經》，前身有罪，今何懺之？佛云：「若人懺除先罪，改往修來，當發誓願懺悔，善法日生，惡業自消。」

菩薩受齋經

《菩薩受齋經》，佛説受齋日、解齋日及用心受齋法門，當禮念彌陀佛號，十齋日常行是法，則成行也。

右大乘律五帙，菩薩、聲聞、人天、龍鬼等戒法，及懺悔禮誦軌儀。一一具足，聖人利他無盡行也。

大智度論

《大智度論》，一百卷。

龍樹尊者造，羅什法師譯。以謂佛法大海，智爲能度，信爲能入，故造斯論。釋其般若，令信入也。

作　十卷

大智度論

一、釋般若初分緣起行相。自佛初生王宫、出家、成道、轉法輪、涅槃，舍利弗出家，長爪梵志論議，出家證果等一切法義。

二、釋般若如是我聞等義。迦葉結集，阿難六過，佛十號及住處。辯諸論部類所起，謂佛在世教法無錯，滅後異見。

三、釋般若中王舍城耆闍山，佛因何在彼成正覺説法。釋摩訶比丘僧共名，一處、一時、一心、一戒、一見、一道、一解脱及四衆義相等法。

四、釋般若中菩薩衆，如來過去修菩薩行及所行妙行也。

五、釋般若中摩訶薩埵義，菩薩功德空無相無願。

六、釋般若中幻焰水月空花響婆城夢影鏡像化等十喻。

《無礙品》，則如來於一切寃親非寃親，俱無罣礙等義也。

七、釋般若中佛土願，則如來因中所行妙行，所發大願，莊嚴報土清净。

八、釋般若中如來放光瑞相，此以常光遍照三千及東方。

九、釋般若中如來光明照十方佛界，一一界中見光相，已問其所以也。
十、釋般若中十方菩薩，來集佛所散花，問訊求聽妙法，各隨方坐也。

聖　十卷

大智度論

十一、釋般若中舍利弗因緣及檀波羅蜜義初分。
十二、釋檀度義。如來因中所行，有來乞者，悉從其願也。
十三、釋般若浄戒波羅蜜義，以如來因中所持戒行爲證。
十四、釋戒波羅蜜。以謂寧失身命，不毀小戒等因緣。
十五、釋般若中忍波羅蜜，如來因中所行忍辱難忍妙行。
十六、釋般若中精進波羅蜜，如來因中勇猛爲法所行。
十七、釋般若中禪波羅蜜，如來因中修習成大定三昧。
十八、釋般若中智波羅蜜，如來因中所悟大智光明。
十九、釋般若中三十七菩提分法則，如來因中三無數劫精勤修習此也。
二十、釋般若中三三昧空無相、無願、四禪定、八定相等一切定義。

德 十卷

大智度論

二十一、釋般若中八背捨義、九相義，如脹壞血塗膿爛青噉散骨燒等相。

二十二、釋般若中念佛、念法、念僧、念戒、念施、念捨、念天、念死等。

二十三、釋般若中十想義。無常、苦、無我、食不浄、不可樂、死、不浄、斷、離欲、盡等想法，比、他心、世、苦、集、滅、道、盡、無生、如實等十智義法門。

二十四、釋般若中十力義，如來因中所修習。

二十五、釋般若中四無所畏、四無礙義。

二十六、釋般若中十八不共法義，廣引如來因中修習緣。

二十七、釋般若中大慈、大悲、大喜、大捨四無量義。

二十八、釋般若中六神通義，以謂從静定所生。

二十九、釋般若中布施隨喜心過上，則菩薩爲上。菩薩所有少施少戒少忍少精進等，悉皆回向，超諸禪定。亦如來因中所修如是等行，利益有情。

三十、釋般若中善根供養儀則。少善根供養一切諸佛，一切功德悉得成就。《稱讚名號品》中，則一念頃至恒沙等佛土問法，稱讚諸如來所有殊勝功德耳。

建 十卷

大智度論

三十一、釋般若中二十空義，論中十八空也。
三十二、釋般若中因緣、次第緣、所緣緣、增上緣，廣解諸緣義。
三十三、釋般若中到彼岸義。
三十四、釋般若中見一切佛世界義，信持般若，無三毒義，欲人學般若故。
三十五、釋般若中《報應品》義。
三十六、釋般若中《習相應品》義，論聲聞、辟支等地相應不相應等義。
三十七、釋般若中《相應品》義，與過、現、未三世合與不合等義。
三十八、釋般若中《往生品》義，謂學般若人，何處没來生此間也。
三十九、釋般若中《往生品》餘義，謂學般若人得四禪八定，來往遊戲其中等義。
四十、釋般若中《往生品》餘義，得法眼净隨行法無相也。

名 十卷

大智度論

四十一、釋般若中《三假品》義，内外中間三處俱假耳。《勸學品》義，則精勤修習六度及一切善法。

四十二、釋般若中《集散品》義，則須菩提云：「我於諸法集散不集散，如是思惟也。」

四十三、釋般若中《集散品》餘義廣論也。

四十四、釋般若中《行相品》《幻人無作品》《句義品》，此三品，廣解其義趣。

四十五、釋般若中《摩訶薩品》《斷見品》《莊嚴品》，此三品義趣也。

四十六、釋般若中《乘乘品》《無縛無脱品》《摩訶衍》品玄義也。

四十七、釋般若中《摩訶衍》餘義也。

四十八、釋般若中身、受、心、法四念處義。

四十九、釋般若中《發趣品》，謂發趣無上菩提。

五十、釋般若中《出到品》，乘是乘者，從何處出，到何處住等妙義。

立 十卷

大智度論

五十一、釋般若中《勝出品》《含受品》，此二品要義。

五十二、釋般若中《會宗品》《十無品》。所謂衆生無色，無受、想、行、識，無色性，無識性，無前際，無中際，無後際，無菩薩，無六度，無廣解，其十無妙義。

五十三、釋般若中《無生品》義。

五十四、釋般若中《天主品》義。

五十五、釋般若中《幻人聽法品》《散花品》義。

五十六、釋般若中《顧視品》，學般若人視之如佛。《滅净品》，爲天帝勉修羅鬪戰也。

五十七、釋般若中《寶塔品》《校量品》《述誠品》義。

五十八、釋般若中《勸受持品》《梵志品》《阿難稱譽品》，論其三品義。

五十九、釋般若中《校量舍利品》義。

六十、釋般若中《校量法施品》義趣法門。

形 十卷

大智度論

六十一、釋般若中《隨喜回向品》義。

六十二、釋般若中《照明品》義。

六十三、釋般若中《信謗品》義。

六十四、釋般若中《歎净品》義。

六十五、釋般若中《無作相品》《諸波羅品》。

六十六、釋般若中《歎信品》義。

六十七、釋般若中《歎信品》餘義。

六十八、釋般若中《魔事品》義。

六十九、釋般若中《兩不和合品》。

七十、釋般若中《佛母品》《問相品》二品要義，謂般若三世佛母也。

端 十卷

大智度論

七十一、釋般若中《大事起品》《譬喻品》《善知識品》《一切智品》要義。

七十二、釋般若中《大如品》義。

七十三、釋般若中《阿惟跋致》，此云《不退品》。

七十四、釋般若中《轉不轉品》義趣。

七十五、釋般若中《燈喻品》《夢中入三昧品》《恒伽提婆品》。

七十六、釋般若中《學空不證品》義。

七十七、釋般若中《夢中不證品》《同學品》《等學品》義旨。

七十八、釋般若中《願樂品》義。

七十九、釋般若中《稱揚品》義。

八十、釋般若中《無盡方便品》義。

表 十卷

大智度論

八十一、釋般若中《六度品》義。

八十二、釋般若中《大方便品》義。

八十三、釋般若中學般若人，能作大方便也。

八十四、釋般若中《三慧品》義。

八十五、釋般若中《道樹品》《菩薩行品》《種善根品》義趣。

八十六、釋般若中《遍學品》義。

八十七、釋般若中《次第學品》《一心具萬行品》義。

八十八、釋般若中《六喻品》《幻化等品》《四攝品》義。

八十九、釋般若中《四攝品》餘義，《善達品》解佛三十二相、八十種好微細義相。

九十、釋般若中《實際品》義。須菩提白佛：「若衆生畢竟不可得，菩薩爲誰故行般若？」佛云：「爲實際故。」須菩提云：「實際衆生際異者？」佛云：「實際衆生際不異，是故菩薩爲利益衆生，行於般若。乃至建立實際於實際，建立自性於自性也。」

正　十卷

大智度論

九十一、釋般若中《照明品》義。
九十二、釋般若中《净佛國土品》義。
九十三、釋般若中《佛國品》餘。
九十四、釋般若中《畢定品》《四諦品》義旨。
九十五、釋般若中《七喻品》《平等品》義意。
九十六、釋般若中《涅槃如化品》義趣也。
九十七、釋般若中《薩陀波崘品》。
九十八、釋般若中《曇無竭品》。
九十九、釋般若中《曇無竭品。》
一百、釋般若中《曇無竭品》餘義。梵云薩陀波崘，此云常啼也。梵云曇無竭，此云法誦也。餘可知。

右《大智度論》一百卷。佛滅度五百年後，龍樹尊者傳心印，外造此論釋《大般若經》。自初

分《緣起》，至《曇無竭》八十九品，一一解其義趣，讚揚般若也。據梵本全譯，合有千卷。什法師以謂：秦人識弱，又復好略，故十分中存一耳。

十地論

《十地論》，天親菩薩造，釋《華嚴經・十地品》中義，魏代三藏菩提流支譯，侍中崔光作《序》。

空　十二卷

十地論

一、釋《十地品・序分》《三昧分》。金剛藏菩薩入智慧光明三昧，解脱月及聖凡同集，請問已上諸義也。

二、如來放光，三加五請從三昧起，說十地法門。

三、釋歡喜地布施行大願大捨義。

四、釋離垢地持浄戒波羅蜜義。

五、釋發光地忍辱波羅蜜義。

六、釋焰慧地精進波羅蜜多行義。
七、釋難勝地禪波羅蜜多義。
八、釋現前地般若波羅蜜多義。
九、釋遠行地方便波羅蜜義。
十、釋不動地願波羅蜜義。
十一、釋善慧地力波羅蜜多義。
十二、釋法雲地智波羅蜜義。

然此論解十地行相法門義旨，至精至當，至微至妙。諸宗凡注述十地法門，皆取此義也。

谷 三經

彌勒所問經

《彌勒所問經》，九卷，《寶積經》第四十一會同本也。

寶積經論

《寶積經論》，四卷，《大部》中第四十三會同本。

寶髻四法經論

《寶髻四法經論》，《大寶積經》第四十七會同本異譯也。

傳 三論

佛地經論

《佛地經論》，七卷。

一、親光菩薩造，釋《佛地經》，則如來勝相、名稱、出現、修因、感果之緣，悉解其義趣。

二、解如來功德殊勝等相義。

三、解如來顯示聖教，爲妙生菩薩所説義。

四、解如來净法界中，一切智變化成就義。

五、解如來大圓鏡智、一智、一切智等義。
六、解如來妙觀察智顯示、受用，世間隨有情類義。
七、解如來清净法中一切法空，廣論四智，於法界中，成如來身，到佛地至正覺也。

金剛般若論

《金剛般若論》，二卷，無著菩薩受《彌勒八十偈》，約七種義句、十八住義釋《金剛般若經》，《能斷》也。

金剛經頌

《金剛經頌》，三藏義净奉詔單譯《金剛般若八十偈》令行。

聲 五論

金剛般若論

《金剛般若論》，三卷。

能斷金剛論

《能斷金剛論》，三卷。

不壞假名論

《不壞假名論》，二卷。

已上三論，天親、無著、功德施三菩薩，約彌勒《頌》，釋《金剛般若》，各譯流通也。

法華論

《法華論》，婆藪尊者造，解《法華經》初分《優波提舍》義。

文殊問菩提論

《文殊問菩提論》，二卷。

上、文殊在伽耶山頂，問菩提所證，佛答此義。天親造論，釋菩提義趣。

下、論全體功德，菩薩發心求菩提所行差別，有疾證菩提，有疾得菩提，在所修也。

虛 十二卷

法華論

《法華論》，二卷，前論同本各譯。

勝思惟梵天經論

《勝思惟梵天經論》，四卷。
一、天親造，釋梵天問文殊爲法王子是何義。其問答玄妙，故作論解也。
二、世間珍寶有種種功德，以顯聖相，故論其義。
三、住於福田，能消供養，不能消者論其義。
四、菩薩自在心攝取三有等妙義也。

轉法輪經論

《轉法輪經論》，天親造。轉法輪者，以法運轉，故名爲輪。譬如以銅爲體，則名銅輪。以木爲體，則名木輪。以法爲體，則名法輪。餘義可知。

無量壽經論

《無量壽經論》，釋《彌陀經》中五念門：一禮拜門，二讚歎門，三作願門，四觀察門，五回向門。修習此五門，則生彼土，見彼佛也。

三具足經論

《三具足經論》，佛爲無垢光菩薩，説施具足、戒具足、聞具足。天親遂作論，解此三具足義趣也。

遺教經論

《遺教經論》，天親造，釋佛所説《遺教經》。建立菩薩行，成就一切殊勝功德，决定證清浄自性無我也。

涅槃論

《涅槃論》，釋純陀、大衆、師子吼、迦葉、憍陳如等所問佛入滅正法住世義。

本有今無論

《本有今無論》，偈云：「本有今無，本無今有。三世有法，無有是處。」婆藪槃豆作論，釋此一偈。在智明者，細詳之耳。

瑜伽師地論

《瑜伽師地論》，彌勒菩薩説，三藏法師譯。梵云瑜伽師地，此云相應義定。演十七地妙理，如卷次中列名也。

堂 十卷

瑜伽師地論

一、五識身相應地，謂眼、耳、鼻、舌、身，識自性，所依、所緣、助伴、作業等義也。意地自性謂心意識一切種子義也。
二、意地中種子行相，因體上計我、我所也。
三、意地中業識，與色聚相應，受胎覽緣出生，果報皆與業相無差種子故也。
四、有尋有伺地，修習見天界諸勝相，地獄諸苦相等義。
五、有尋有伺地中，修四禪静慮等定相義也。
六、有尋有伺等地中，不如理作意，十六因果異論勝浄吉祥等義。
七、有尋有伺等地中，宿因所造一切善惡業，邊無邊論等義。
八、有尋有伺等地中，煩惱雜染、業雜染、生雜染，由此三種計，執諸惡一切行相等義。
九、有尋有伺等地中，與果門損益門等義。
十、有尋有伺等地中，欲界、色界、無色界，諸行爲緣所生污染，起貪嗔、邪見、戒禁取等果報，隨業發現差別不同等義也。然其無尋唯伺地、無尋無伺地，此二地義相只於有伺有尋地中。相兼論之，不别義也。

習　十卷

瑜伽師地論

十一、三摩呬多地，說靜慮解脫、等持、等至，一切諸禪定相。

十二、三摩呬多地中，修習、作意、思惟、厭壞、所緣，捨諸煩惱也。

十三、三摩呬多地中，定境行相也，非三摩呬多地，謂前所修對治，三界非定相也。然梵云三摩呬多，此云等引也。有心地即無想定也，無心地即滅盡定也，其間廣論相也。

十四、聞所成地，論聞性種子薰習以成善惡等義。

十五、聞所成地中，聞讚譽毀辱等爲實義，次聞說聖教修助道法等義定相。

十六、思所成地，自性清净思擇所知思擇諸法。獨處閑靜，審諦思惟。如其所聞，究達諸法道理。唯依於義，成其定境趣也。

十七、思所成地中勇猛精進，修習不放逸義也。

十八、思所成地中，勝頻生出離道，不懼後世及死。戒慧薰修，具足定相也。

十九、思所成地中，最善語、非不愛語、諦非不諦語、法非非法語等義。

二十、修所成地，謂修處所修因緣，修瑜伽定，修果報等義相。

聽 十卷

瑜伽師地論

二十一、聲聞地，於此分別種姓地，起入地補特伽羅等義也。

二十二、聲聞地中分別出離地，離欲世間出於世間義。

二十三、聲聞地中分別出離地，密護根門，防守正念。

二十四、聲聞地中分別出離地，常勤修習瑜伽，經行宴坐，以浄其心也。

二十五、聲聞地中分別出離地，安住禁戒，具足多聞。

二十六、聲聞地中修瑜伽處，分別根門利鈍，修習定相，名數法義也。

二十七、聲聞地中修瑜伽處，分別緣起、緣性、唯法、唯事、唯因、唯果。

二十八、聲聞地中修瑜伽處，增上戒學，增上定、增上慧等義也。

二十九、聲聞地中修瑜伽，習行四念處，除去顛倒。

三十、聲聞地中，瑜伽第三處，習修四念住，安住自心，而成妙定，而得解脱等相也。

禍 十卷

瑜伽師地論

三十一、聲聞地中，觀察緣起思擇十二支相分義也。

三十二、聲聞地中，如修業時於修作意，如應安立等義。

三十三、聲聞地中，已得作意，我當往世間趣及出世間趣等。

三十四、聲聞地中，已成辦世出世間趣，乃至如來説此地相應法門也。獨覺地有五義：一獨覺種姓，二獨覺道，三獨覺習，四獨覺住，五獨覺行。於此五法，一一分別義相，以明瑜伽相應定境。

三十五、《菩薩地種姓品》，具攝大乘相義果也。

三十六、《菩薩地自利他品》，分別三因三果也。

《真實義品》，了知諸法真實性也。

三十七、《菩薩地中威力品》，聖威力、法威力、俱生威力也。

《成熟品》，自性差別方便補特伽羅，此云數取趣，悉成熟也。

三十八、《菩薩地菩提品》，以如理、如量二智，斷煩惱、所知二障，以成菩提智也。

三十九、《菩薩地施品》，自性施一切等義。

四十、《菩薩地戒品》，自性戒、一切戒、難行戒，一切諸浄戒相等義。

因 十卷

瑜伽師地論

四十一、菩薩地安住浄戒律儀，或違犯污染應當了知。

四十二、菩薩地難行戒相義也。

《忍品》，自性忍、難行忍等義。

《精進品》，自性精進，一切難精進，乃至九精進也。

四十三、《菩薩地静慮品》，自性静慮一切難静慮也。

《慧品》，自性慧一切難慧也。然六度中皆論九義，如偈云：「自性一切難，一切門善士。一切種遂求，二世樂清浄。如是就種相，是名略説慧。」論中微細解説此偈義。

四十四、《菩薩地供養親近無量品》，供於三寶，近於善友，修於無量也。

《菩提分法品》，分別慚愧自性依處一切法義，應須猛利也。

四十五、菩薩地中菩提分法，修正四依，求義不求文也。

四十六、菩薩地中菩提分中，分別一切諸行無常、皆苦、諸法無我等義。

四十七、《菩薩地菩薩相品》，哀愍、愛語、勇猛、慧施、解深義，能行此五法，見菩薩相也。

四十八、《菩薩地住品》，增上戒住極喜住，能成就世出世一切義利，故云住也。

四十九、《菩薩地中地品》，一性地，二勝解地，三浄意樂地，四行正行地，五决定地，六决定行地，七究竟地。分別增上心住地法義，成就瑜伽定境。

五十、《菩薩地中行品》，波羅蜜行、法行、神通行、成熟有情行。

《建立品》，依如來住，到如來地。相好、十力、四無所畏及發菩提心也。

《正覺品》，有餘依地，有三施設：一地施設安立，二静施設安立，三依施設安立等相也。無餘依地，此地中亦有三相：一地施設安立，二寂滅施設安立，三寂滅異門施設安立。

惡　十卷

瑜伽師地論

五十一、决擇五識身相應地意地，前説種子，此分別其義也。

五十二、决擇身意地中，、諸心心所生等。

五十三、决擇身意地中，十不善業道也。

五十四、決擇身意地中，安立識藴差别所依雜染由生住異相等義也。
五十五、決擇身意地中，四無色藴立一心相也。
五十六、決擇身意地中，分位建立無想定、滅盡定及無想，此三種自性等義。
五十七、決擇身意地中，分别處非處善巧等義。
五十八、決擇尋伺地，法王能損害、能饒益諸衆生等一切義相。
五十九、決擇尋伺地中，十煩惱幾能發業幾不能發業義。
六十、決擇尋伺地中五緣殺生：一意樂，二方便，三無治，四邪執，五由其事等也。

積 十卷

瑜伽師地論

六十一、決擇尋伺地中，引出愛王被比丘呵責不生嗔惱，以都不見故也。
六十二、決擇三摩呬多地，補特伽羅隨煩惱義也。
六十三、決擇呬多地中，五種定相違法，等持相違，厚重過失等義也，決擇非三摩呬多地中修四禪定相用心法義也。有心地決擇分，世俗道理、勝義道理，所依、能依，俱有清净五種建立也。無心地決擇分，謂緣闕、作意闕，未得相違，斷滅已生。由此七故，心不得生等義。

六十四、決擇聞慧地，身語意清浄，起大悲成就無上法，此五處觀察。

六十五、決擇思慧地中事，有、非有、果、因，乘此四思議等也。

六十六、決擇思慧地三苦性義。

六十七、決擇修慧地中，十六種修行法義，如云作意修應作意修，乃至非修法修也。

六十八、決擇聲聞地中，諸行寂滅是滅諦，煩惱滅得，有餘依滅得無餘等也。

六十九、決擇聲聞地中，學犯出離止息羯磨，此五制立等也。

七十、決擇聲聞地中，諸智光明，有五勝利十五種德義也。

福　十卷

瑜伽師地論

七十一、決擇聲聞地中，分別七種義、七種喜義。

七十二、決擇菩薩地，十種發心入於正位，種種法義住菩薩地。

七十三、決擇菩薩地中，安立諦攝等義。

七十四、決擇菩薩地中，無性知密意，所行通達，隨入差別瑜伽法義定境。

七十五、決擇菩薩地中，毗奈耶三聚律儀戒如佛所化也。

七十六、決擇菩薩地中，心意識秘密善巧，引《深密經》中義爲證。
七十七、決擇菩薩地中，分別解説瑜伽所攝義。
七十八、決擇菩薩地中，解説如實大乘，引《深密經》中十地法門義，爲證此法也。
七十九、決擇菩薩地中，平等差別清净，與不清净等一切義相。
八十、決擇菩薩地中，正位安立所學具足法住，超度大乘等也。決擇有餘依、無餘依二地，涅槃不涅槃及諸果位相分。一一問答，一一論其定境行相法義也。

緣 十卷

瑜伽師地論

八十一、攝釋分上，分別契經文義，名身、句身、字身、語身行相機，請復説解，有十二種義，假安立諸根義，名如眼耳等相也。
八十二、攝釋分下，善建立一切法，離諸過，具大義故法門。
八十三、攝異門上，師弟子隨聖教應作不應作也。
八十四、攝異門下，諸欲無常，虚僞不實。當知此中虚故無我也，僞故不實也。如是等義。
八十五、攝事分中，契經事行擇第一論二十四處，契經所契義也。

八十六、擇攝分中，九智三相義門。

八十七、擇攝分中，二智勝利，二見差別，共與不共一切法義。

八十九、擇攝分中，分別自性、所依、所緣、助伴、隨轉、苦、樂、不苦、不樂、三法門義。

九十、擇攝分中，分別重業、輕業、增進業、不增進業、思所造業、非故所造業、定所受業、不定所受業、異熟業，一切業相義也。

善 十卷

瑜伽師地論

九十一、攝事分中，契經事處擇攝，於其欲界，或已離欲，或未離欲等義。

九十二、聞前契經三因緣上品，貪行康强，端正習貪也。

九十三、契經事緣起食諦界，如偈云：「立等二諦等，以觸爲緣等。有滅等食等，最後如理等。」應知建立緣起差別，前中後三際義也。

九十四、緣起食諦界中，於一切緣觸受有中。

九十五、緣起食諦界中，增上如理及不如理義。

九十六、緣起食諦界中，住自性界習增長界。

九十七、契經事菩提分法，擇攝念住正斷神足根力覺道義。

九十八、菩提分法中，破諸外道自立爲師，求利養恭敬自利等義。

九十九、調伏事總擇攝分，論如來所顯所説三藏聖教義相。

一百、調伏事中，依毗奈耶，勤學五遍，知非身、非語、非心等一切義也。

右《瑜伽師地論》一百卷，佛滅度後九百年，無著、天親二大士，往知足天，請慈氏如來，下中印土，説此論。明一十七地定境妙義，顯揚正法也。奘法師詣天竺那爛陀寺戒賢法師所，稟授以歸神夏，譯出流通，慈恩基法師述科疏解釋。今宇内頗有講者，亦罕造其源。蓋文理深萃，義相交羅，非無漏性者，莫能演授耳。

顯揚聖教論

慶 十卷

《顯揚聖教論》二十卷。

一、無著菩薩造，奘法師譯。

《攝事品》，所謂五法攝菩薩藏，心、心所、有色、不相應、無爲，八種識義相也。

二、《攝事品》中，論世俗諦、勝義諦、苦、集、滅、道，共六諦。名句文身了義，心及心法所行，諸妙殊勝境界義門也。

三、《攝事品》中，分别七種義通達也。

四、《攝事品》中，如頌云：「無量諸解脱，勝處與遍處，無諍妙願智，無礙解神通。」論解此偈。

五、《攝净義品》，此論於諸論中，最爲殊勝，能治内心病等也。

六、《攝净義品》中，分别勝義諦名相，分别真如正智等五法義。

七、《攝净義品》中，計諸極微常住，論汝爲觀察不觀察也。

八、《攝净義品》中，分别四聖行無上乘大菩提功德，論諸法也等也。

九、《攝净義品》中，分别十六種異，論法義。

十、《攝净義品》中，學十二種分别自差别，至問答差别，大要與瑜伽義通也。

尺　十卷

顯揚聖教論

十一、《攝净義品》中，論體、處所、莊嚴、負、墮、出離、多所作法等七義妙趣也。

十二、《攝净義品》中，諸經體性，文是所依義，是能依等法門。

十三、《攝净義品》中，説法師安處，聽法者令生恭敬不顛倒聞。

十四、《成善巧品》，蘊界處、緣起、法處、非處、根諦等，七種善巧妙義。

十五、《成無常品》，了無常、苦、空、無我等義也。

《成苦品》，成立無常相，已成立苦相。

十六、《成空品》，空有三相：自相、甚深相、差別相，十八種義相成。

《無性品》，遍計、依他、圓成，三性也。

《成現觀品》，上中下三品，有漏無漏，過現未三世等，而作觀察。

十七、《成現觀品》中，言加行解脱見道所斷等義也。

《成瑜伽品》，發起般若瑜伽勝行也。

《成不思議品》，方便思惟現觀，入不思議處也。

十八、《攝勝決擇品》，以十種相，發起最勝決擇。如心差别相建立，由依所緣力，立眼、耳、鼻、舌、身、意及一切行相等法。

十九、《決擇品》中，分别此中諸煩惱雜染勝決擇義也。

二十、《決擇品》中，決擇補特伽羅勝決擇，當知由根等差别，建立五種，如經中所説。

壁　四論

阿毗曇集論

《阿毗曇集論》，七卷。

一、無著造，奘師譯。此云對法也，集諸法義，成此論也。

《三法品》，蘊、處、界，三也。解其建立根境所對識情妄染，成善種子，成惡種子等義。

二、蘊、處、界、因緣、污染、三世、有漏、無漏、界係、世間、無記也。

三、蘊、處、界假實根境差别，相攝相應成就，三品中微細解其義趣，成就善巧殊勝等義。

四、《中諦品》，苦、集、滅、道四聖諦，謂有情生所依。故諸煩惱及煩惱增上所生諸業，皆名集因苦果相緣。

五、《中諦品中》，分别滅道諦義，甚深勝義圓滿莊嚴等也。

六、《中法品》，決擇十二分聖教，契、頌、記、諷、説、緣、喻、事、生、方、希、論等義也，一一解説，及論諸法。

《藏中得品》，決擇有二種義：一建立補特伽羅，二建立現觀伽羅。及七種差别病行，乃六趣出離，即三乘人也。

七、《中得品》，分中建立現觀法義，實不行究竟，聲聞獨覺菩薩。

《現觀論議品》，議有六：自性、因果、業相應轉等六義。論有七種：論體、論處、論依、論莊嚴、論負、論出離、論多所作法，復有言論、尚論、諍論、毁論、順論、教論等義。

顯揚聖教頌

《顯揚聖教頌》，前論解此頌耳。

王法正理論

《王法正理論》，彌勒大士説，出愛王至如來所云：「比丘責我，外道讚我，都不嗔喜，不見是事。故如來因爲王説，正理治身、治國、治民。」然此論助國聖化爲妙也。

瑜伽論

《瑜伽論》，最勝子諸菩薩等，造此論，解瑜伽所現境義。謂佛説諸經，皆談此義，以瑜伽爲宗也。廣解其義一百卷，止此一卷義也。意者令法久住，利益有情。又謂正法隱没者，令顯出。

已顯揚者，令增盛也。三摩呬多者，勝定也，等引定也。

非　十卷

雜集論

《雜集論》，十六卷。

一、《三法品》，謂蘊、處、界，三也，與前論同頌。此安慧菩薩所造，遂成二論。大意一同，廣略有異也。

二、《三法品》義。

三、《三法品》義。

四、《三法品》義。

五、《三法品》義。

六、《中諦品·決擇分》。

七、《中諦品·決擇分》。

八、《中諦品·決擇分》。

九、《中諦品·決擇分》。

十、《中諦品·決擇分》，以此品名，照前部中義可見。

寶 二論

《雜集論》六卷

十一、《中法品》，決擇十二分聖教。

十二、《中法品》，義分也。

十三、《中得品》，建立觀境決擇分。

十四、《中得品》，決擇義分也。

十五、《中論品》，決擇自性義分。

十六、《中論品》，餘義。然此論解釋無著所造《集論》義，使人通會。

中論

《中論》，龍樹造五百偈，以中爲名。中則照其實，論則盡其言，實非名即不悟。以之爲中，顯其中道義也。青目造論解其義，什法師譯，僧叡作《序》也。

一、《觀破因緣品》，十八偈，論不生、不滅、不常、不斷、不一、不異、不來、不去，以此八法，破諸邪見。謂有人言，萬物從自在天生，或云韋糅天生，或云和合生，或云時生，或云世間性生，或云變化生，或云自然生，或云微塵生，皆墮無因，故説十二因緣也。

《觀去來品》，二十五偈，論因緣來去，義不決定也。

《觀六情品》，八偈，論眼、耳、鼻、舌、身、意，情也。

《觀五陰品》，九偈，論色、受、想、行、識也。

《觀六種品》，八偈，論地、水、火、風、空、色也。

《觀染品》，十偈，論貪、嗔、癡、慢等也。

二、《觀相品》，三十五偈，論生、住、異、滅相也。

《觀作者品》，十偈，論所用有作法、有果報也。

《觀本性品》，十二偈，論諸根苦樂有本住、無本住也。

《破燃可燃品》，十六偈，論五陰受燃、可燃俱不成也。

《破本際品》，八偈，論衆生往來生死，本際不可得也。

《破苦品》，十偈，論苦惱自作、他作、自他俱作及無因作也。

《破行品》，九偈，論一切諸行皆是空無，衆生虚誑，妄取相也。

《破合品》，八偈，論眼見、可見、見者三法，無有合時。見是眼，可見者是色，見者我也。
三、《觀有無品》，十一偈，論諸法有性有力，無有定性，無自性也。
《觀解縛品》，十六偈，論生死不可得故，無縛無解也。
《觀業品》，二十三偈，説一切衆生皆隨業而生受報也。
《觀法品》，十二偈，論諸法畢竟空無，生成實相法也。
《觀時品》，六偈，論過去、現在、未來三世時分因也。
《觀因果品》，二十四偈，論衆因和合現有果生，是從因緣和合中生。
《觀成壞品》，二十偈，論一切世間事現有敗壞相，若有成，若無成。若有壞，若無壞等義相也。
四、《觀如來品》，十六偈，論一切世中尊，名一切智人，號法王，何等是如來也。
《觀顛倒品》，二十四偈，論因净、不净，顛倒憶想。
《觀四諦品》，四十偈，論破顛倒，通達四諦，得四沙門果也。
《觀涅槃品》，二十四偈，論斷諸煩惱，滅五陰盡，名爲涅槃也。
《觀十二因緣品》，九偈，論觀聲聞法，入於第一義也。
《觀邪見品》，三十一偈，論過去有爲無爲，未來有作無作，現在有常無常，皆妄生計執，今此引歸正見也。

已上五百餘偈義。

般若燈論

寸 十卷

《般若燈論》，十五卷。

一、《中論》同本也。此分別明菩薩造，以燈喻無分別智，照法性平等寂照之體也，顯自所證深般若中道義也。品目《中論》一同，文義廣略耳。

二、《觀緣品》中義分。《觀緣品》，論諸法因緣生，從因緣滅也。

三、《觀去來品》，此中不來不去緣起差別。

四、《觀六根品》，眼耳等也。

《觀五陰品》，受想等也。

五、《觀染染品》，貪嗔等也。

《觀三相品》，生住滅等也。

六、《觀作者業品》，善、不善、無記業。
《觀取者品》，諸根妄取一切塵境也。
七、《觀薪火品》，第一義中，有取者猶如薪火燃可燃等也。
八、《觀生死品》，了知生死無自體也。
《觀苦品》，第一義中，有諸陰，由苦故。
《觀行品》，一切諸法，諸行無常也。
《和合品》，根、塵、識三，和合名爲觸也。
九、《觀有無品》，有爲、無爲，不斷不常也。
《觀縛解品》，繫縛解脱，俱無自性也。
十、《觀業品》，解業無自體，第一義中，定有諸行，諸入生死與業合。若無者，不見諸行與業果合，如石女兒。

陰 五論

《般若燈論》五卷

十一、《觀法品》，解諸行我我所，四大聚諸根也。

《觀時品》，第一義中，有時法自體爲了因也。
十二、《觀因緣和合品》，若無因者，即不生也。
《觀成壞品》，顯示諸法無成壞故，觀成壞之相也。
十三、《觀如來品》，解第一義即如來身、如來智也。
十四、《觀顛倒品》，諸煩惱從顛倒起，無自性故。
《觀四諦品》，苦、集、滅、道四聖諦，合中道也。
十五、《觀涅槃品》，諸染煩惱盡滅，名涅槃也。
《觀世諦緣起品》，覺了緣起，名聲高遠，故名佛也。
《觀邪見品》，分別有爲無爲，非有爲無爲，非非有爲，非非無爲也。

百論

《百論》，二卷。
上、佛滅後八百年，提婆尊者造《百論》，摧邪顯正。婆藪開士解釋，什法師譯，僧肇爲《序》。
《捨罪福品》，設内外爲難，外則外道邪見，内則佛法正見。破其外道，亡喪因果，不畏罪，不修福，雖持戒，心不清浄也。

《破神品》，外道執神爲主，不離死生也。内則大覺性，本來圓明故也。

《破一品》，外道存神爲一，内則神已不可得，何處存一？故以此論破之也。

下、《破異品》，外云：一既不存，必有異也。内云：一已不存，何有異可得也？

《破情品》，外云：執定有我所，法現前也。内云：破其情塵，意合正見也。

《破塵品》，外云：有情瓶可取，令見諸物也。内云：非獨色是瓶，瓶非現見也。

《破有因果品》，外云：種種果生時，種種因不失。内云：果不見因，因不見果也。

《破無因果品》，外云：生有故一當成也。内云：生無生不生也。

《破常品》，外云：有因法破無因法，常也。内云：若强以爲常，與無常同也。

《破空品》，外云：有故可破，無故不可破。一切法空，不名破一切法也。内云：破如可破，汝著破故，以有無法欲破是破，汝不知耶？破成故，一切法空故等也。

廣百論本

《廣百論本》，聖天菩薩造，前後兩論皆釋此頌也。

十八空論

《十八空論》，龍樹尊者造，解十八空。以謂空無分别，云何得有十八種耶？爲人法二無我，是一切法通相，約諸法種類不同，開爲十八。《般若經》中，開爲二十。或有經中，合爲十七，或十六空也。

十二門論

《十二門論》，龍樹尊者造此論，開十二門。所云十二，衆數之稱也。門者開通出入，無滯之謂也。

觀因緣門，萬法所因，推本緣會也。

觀有果無果門，重推萬法，無生而生也。

觀有相無相門，推上三相，有相、無相、無無相也。

觀緣門，推因推緣，而成四緣也。

觀門，推前三門，三相無生也。

觀十異門，推其無無之相，不一不異也。

觀有無門，三相非相，四相非非，非一非異，故非有非無也。
觀性品，既知有無，推其性非性也。
觀因果門，無性既無因，變易處則無得也。
觀作門，無因無果，則爲無作也。
觀三時門，既無作，則無因故，三時不可得也。
觀生門，作爲有造，生爲有起，時中既無，誰爲生者也？
已上十二門，智者見斯可知也。

是 十卷

廣百論釋

一、護法菩薩釋《百論》義，大意與前論同。
《破常品》，世間邪執，謂法常住，故此論破也。
二、論真常、真樂、真我、真净等也。
三、《破我品》，執我、我所、心、心數法，此破去令見法身湛然也。

四、《破時品》，謂三世法悉不可得。
五、破異執，説刹那暫時住體故。
六、《破見品》，種種妄見不了，如來智見無礙，悟他心也。
七、《破根境品》，眼等諸根，各取自境，不真悟性。
八、《破邊執品》，除去非真句義邊，執垢穢，不依他成，而得成立，故此破也。
九、《破有爲相品》，生、住、滅三相，皆有爲，故破之。
十、《教誡弟子品》，重顯密義，以顯真宗，佛弟子衆當如是建立宗旨。

十住毗婆沙論

競　十卷

《十住毗婆沙論》，十七卷。
一、龍樹尊者造此論，廣破小乘品，令修菩薩行。安住十地，自利利他，速登佛覺地也。
《序品》，陳作論之意。今直超諸位，便入十住也。
《初地品》，歡喜地中，所修行相，略説諸地法門，然初地爲基本也。

二、《地相品》，初地菩薩有何相貌。
《釋願品》，欲登地位，必發大願。
三、《願品》，義中除去諸惡，願净佛土。
《發菩提心品》，其義意可知也。
四、《調伏心品》，調順其心，不得妄失菩提。
《阿惟越致相品》，於有情中，行平等心也。
五、《易行品》，發大心丈夫至幹，直造正覺也。
《除業品》，於諸佛所，誠心念佛，懺悔往罪。
六、《分別功德品》，一日一夜，一念念佛，得福德恒沙。
《分別布施品》，隨喜回向功德及諸施行法門。
七、《分別法施品》，既行財施，必行法施也。
《歸命相品》，在家人行財施，勝出家人。若出家人行法施，勝在家人也。
《五戒品》，在家人可受是戒也。
《知家過患品》，在家人若知家過，必自捨家入道，行菩薩行也。
八、《入寺品》，在家菩薩捨家入寺也。

《苦行品》，在家出家，共行法則也。
九、《四法品》，不敬法師，密惜法施，障聽法者，我慢自高。除此四法，修大行也。
《念佛品》，在家出家菩薩，當修念佛三昧，此論行相也。
十、《四十不共法品》，分別地中，四十種不共聲聞人天等法也。
《難一切智人品》，金剛三昧，唯一切智人有，餘人無此三昧，故以此爲難也。

資 二論

《十住毗婆沙論》七卷

十一、《善知不足品》，諸法未生、未出，未成、未定、未分別，是中如來智慧得力故也云云。
十二、《讚偈品》，語業言詞，讚佛功德。
《念佛三昧品》，諸偈讚佛，成念佛三昧。
十三、《喻品》，此中修進超聲聞等位，喻所不及也。
《略行品》，已略説初地行相，當以説二地法。
十四、《二地善業道品》，住此地自然不行惡法也。十善業殊勝，四禪定清浄等法義。
十五、《分別聲聞辟支佛品》，令何等人至聲聞辟支佛地，解其所以也。

《大乘品》，發大心，行大行，受大法，乘大乘也。

十六、《護戒品》，修一切净戒，無所違犯，按照離垢地也。

十七、《解頭陀品》，行其苦行也。

《助尸羅果品》，多知多聞等爲助也。

《讚戒品》，戒得圓滿清净，成殊勝功德也。

《戒報品》，持戒報果，無量無邊功德也。

菩提資糧論

《菩提資糧論》，六卷。

一、龍樹尊者造論本，比丘自在解義。謂欲登佛菩提，須有加行資糧，始可得證也。已説布施、净戒、忍辱爲資糧也。

二、精進、禪定、般若、方便、願力、智慧、十力、六神通等，爲資糧也。

三、現諸神變，種種利樂，一切世間有情，以爲菩提資糧義也。

四、白千萬劫作大福聚，如須彌山，以爲資糧。

五、通明一切工巧伎術，利俗諦法，以爲資糧。

六、四念住、四無量心等法，一一修習圓滿殊勝，爲其菩提資糧，得成正覺也。

父 十三卷

大乘莊嚴論

一、無著菩薩造，唐天竺三藏序，其文美麗，稱揚佛法也。
《緣起品》，能達義者，可以莊嚴大乘經論也。
《成宗品》，佛説大乘真實，爲宗也。
《歸依品》，大乘能攝三皈依法也。
《種姓品》，各有差别勝性相類貌惡功德，各各不同也。
二、《發心品》，菩提智種也。
《二利品》，自利利他也。
《真實品》，第一義實相也。
《神通品》，變化妙境利有情也。
《成熟品》，信净心捨等一切善成熟。

三、《菩提品》，得一切種智，圓滿一切難行行也。
四、《明信品》，信相差别，所謂過現未内外正信也。
五、《述求品》，信求三藏教法，求染浄，求唯識唯心光也。
六、《弘法品》，以求法得法，能爲人演説，謂弘法也。
七、《隨法品》，菩薩能隨法修行其行也。
《教授品》，依如來修多羅法教授也。
《業伴品》，教授起善業，方便爲伴，以成莊嚴行也。
八、《度攝品》，行六度行，自度度他，自攝攝他。於此行中，各有差别自性業因果相應也。
九、《供養品》，供養如來大師也。
《親近品》，奉覲善知識也。
《梵住品》，四無量成莊嚴也。
十、《覺分品》，菩薩覺羞耻，覺慚愧，覺修習止觀，覺離障，覺過失，覺證知也。
十一、分别覺分中義相也。
十二、《功德品》，菩薩行六度行，所得功德。
十三、《行住品》，菩薩修諸行位，顯示相狀，安住十地。

《敬佛品》，菩薩禮佛讚佛，一切偈語成三業圓明也。

大乘莊嚴論

事　十卷

一、馬鳴菩薩造此論，略説一義，便引教中緣起爲證，顯大乘相，莊嚴佛功德也。引諸婆羅門笑商人優婆塞禮佛塔寺因緣。

二、聽法者有大利益，增廣智慧。引師子國人偷國王珠，詣佛所不煞等一切因緣。

三、堅持浄戒，唯人宗仰，引草繫比丘因緣。

四、欲得供養，應斷諸使。引老母不輸税，果詣王所，指三羅漢皆我子我生也。

五、親近有智，身心俱浄。引比丘乞食長者家鬼走因緣。

六、無實功德，不堪受信心施。引王禮塔塔碎，問故，不是佛塔也。

七、有漏無漏，教習有異。引目連教二弟子，久不獲勝法。

八、治身病心病，唯有佛語。引承衆淚醫王子眼明因緣爲證。

九、智者應斷嗔恚，引拘睒彌比丘鬪諍分爲二部等因緣。

十、讚佛得大果報，有一法師，讚迦葉佛生天，如來出現時得果也。

君 三論

《大乘莊嚴論》五卷

十一、少智人見佛尚發心，何況有智慧人也。引波斯匿王請佛安居取牛乳等緣。
十二、不惜身命以求於法，引尸毗王割肉濟鷹緣。
十三、供養佛塔功德甚大，引波斯匿王到佛所聞香等因緣。
十四、佛出世最爲希有，雖是女人，亦得解脱。因佛姨母因緣。
十五、國土廣大，知其苦惱，捨離而去。引佛因中爲王等緣。

順中論

《順中論》，二卷，龍勝菩薩造。此論入大般若波羅蜜門，顯中道，以順中觀論議，明不生不滅、不斷不常、不一不異、不來不去。「佛已説因緣，斷諸戲論法。故我稽首禮，説法中師勝。」《中觀論》《般若燈論》亦以此偈爲作論之先，唱引意義也。

攝大乘論

《攝大乘論》，三卷，此論前後三譯，今止於唐譯録義。

曰 十卷

攝大乘論釋

《攝大乘論釋》，天親菩薩造，釋無著所造大乘論。然有四譯，今止録唐譯。

嚴 三論

攝大乘論釋

《攝大乘論釋》，五卷，同前帙，共十五卷，真諦所譯也。基法師、愷法師各有序，遷法師曾講也。

攝大乘論本

《攝大乘論本》，三卷。

上、能攝蘊積，包含攝藏，名攝也。其義廓周，體性該博，名大也。所行功德，能至能證，名乘也。窮源盡理，清澈朗暢，名論也。

《總標綱要分》，諸佛世尊，有十相殊勝語。一所知依殊勝語，二所知相殊勝語，三入所知相殊勝語，四入因果殊勝語，五修差別殊勝語，六戒殊勝語，七增上心殊勝語，八增上慧殊勝語，九彼果斷殊勝語，十聲聞乘中不見説，大乘中處處見説，真佛説也。

《所知依分》，如來於大乘經説無始時來一切種子，依阿賴耶識，此云藏識。由此得有諸趣一切有生雜染法，於此攝藏爲果性。此識於彼攝藏爲因性，故説名阿賴耶。

中、《所知相分》，一依他起相，二遍計相，三圓成實相。依阿賴耶識現諸身、諸識、諸趣也。

《入所知相分》，誰能悟入所應知相？大乘多聞，薰習相續，由善根力所住持，故能入也。

《彼入因果分》，由施、戒、忍、精進、禪定、智慧，故入唯識也。何以故？六度爲彼果，故云入也。云云。

下、彼修差別，云何可見菩薩修十地，安立治十種無明及諸障法也。

《增上戒分》，攝善法戒、律儀戒、饒益有情戒，建立一切殊勝戒也。
《增上心分》，大乘光明集福定王賢守健行等，以顯阿賴耶心相也。
《增上慧分》，無分别智，若自性，若所依，若因緣，若所緣，若助伴，乃至若究竟也。
《果斷分》，無住涅槃，已捨雜染，不捨生死，二轉依爲相也。

攝大乘論

《攝大乘論》，二卷，同本異譯。

與　十卷

攝大乘論釋論

《攝大乘論釋論》，釋前三卷論本也，隨笈多所譯行也。

敬 十卷

大乘論釋

一、無著菩薩造論本，天親菩薩造此論釋義，大唐三藏玄奘法師重譯也。《釋綱要分》中，論佛教勝相。

二、《釋所知依分》，論其識情也。

三、《釋所知分》中，雜染相續不相應也。

四、《釋所知相分》，遍計、依他、圓成三相也。

五、《釋所知相分》中，三性自性顯現也。

六、《釋所知相分》，多聞依，阿賴耶識所攝也。

七、《釋彼入因果分》，六度行相爲果也。《彼修差別分》，十地昇進不同也。

八、《釋增上戒分》，謂菩薩三聚戒也。

九、《增上心學分》，釋大乘光明等相也。

《釋增上慧學分》，加行無分別智也。

《釋果斷分》，無住涅槃已捨雜染也。

十、《釋彼果智分》，諸佛自性身、受用身、變化身、法身，甚深最甚深，於大乘中顯示甚深之相也。

孝　十卷

攝大乘論釋

《攝大乘論釋》，無性菩薩造，與前《論本》品分一同各譯也。

右《攝大乘論本》三卷，釋論兩解二十卷。傳入中國，陳真諦譯成十八卷，元魏佛扇多譯本二卷，隨笈多三藏譯十卷，唐三藏玄奘法師譯二十三卷，共七部總五十三卷也。然皆論佛教勝相，分別識情。章分一同，大意無別。其間攝義，引緣小差耳。今止於奘法師所譯一《本》一《釋》十三卷内，標其義分，俾見其源，其派可知矣。

當 四論

佛性論

《佛性論》，四卷。

一、天親菩薩造此論。明佛説一切衆生皆有佛性，令以生尊者心故。《緣起分》，如來爲除五過失，故説衆生悉有佛性。一令離下劣心，二離慢下品人，三離虛妄執，四離毀謗真法，五令離我執。既自知有佛性，五過自除也。破小乘執，聞佛説法，不了空性，謂闡提人不得涅槃也。破此執故。破外道執，外道不知有佛性，執自然行也。切火不能轉爲水，以此喻破也。破大乘執，菩薩聞法，有不了中道第一義，執一切有法皆由俗諦，一切無法皆由真諦，破此也。

二、《顯體分·三因如品》，佛性體有三因三性。一應得因，應得菩提故。二加行因，由此心得菩提分法。三圓滿因，由此心得因果圓滿故。《三性品》，一無相性，二無生性，三無真性。此三性攝如來性，由遍計、依他、圓成三性所顯現也。

《如來藏品》，所攝藏、隱覆藏、能攝藏，顯如如智、如如境，或現或不現，藏中本具如來功德智也。

《自體相品》，佛性有十種自體相，因相、果相、事能相、總攝相等也。

《分明因品》，佛性有四因，能除四障，得如來性義。 一信大乘，二無分別般若，三破空三昧，四行大悲也。

《果相品》，行前四因，爲清净佛性，對治四倒，如來法身四相功德波羅蜜是其果也。

《事能品》，於生、死、苦生厭離，於涅槃求樂願也，以此二事爲能故。

三、《總攝品》，攝因攝果，是如來性。 清净法身清净因、佛智德生因、佛恩德因，以此三因信樂大乘，修習般若禪定也。

《分別品》，分別如來性有因地如、果地如，俗如即真如，真如即俗如也。

《階位品》，不净位，衆生界也。 净位，菩薩地也。 最清净位，佛地也。

《遍滿品》，應凡夫、聖人及諸如來無分別性平等通達相，并隨道理遍滿也。 但前三位，一顛倒，二無顛倒，三究竟，以此義故爲差耳。

四、《無變異品》，佛性本無變異，隨染净緣前後中際轉依，故變異也。 若畏説空法，不入佛性也。 佛性即空法，空無變異也。

《無差別品》，佛性已至極清净，約有四義，立四名，就四人顯四德。一切佛法不相離，一切處皆如。非妄想倒法，本性寂静故。以此，四法義可見也。

決定藏論

《決定藏論》，三卷。

上、如來藏決定説五識地、心地及阿賴耶識種子，若離此根識，無執持義也。

中、分别阿賴耶識種子相因相緣。

下、分别五陰相入觸等法，皆從阿賴耶識種子心起也。

辯中邊論頌

《辯中邊論頌》，彌勒大士説，三藏奘法師譯。

中邊分别論

《中邊分别論》，二卷。

上、天親造，立七種義明中道也。一相，二障，三真實，四對治，五修住，六得果，七無上乘也。分别相中，除虚妄分别、能執所執、非空不空，顯中道義也。

《障品》，除煩惱障、取捨障、平等障、重障、惑障也。

《真實品》，根本真實、相真實、因果真實、細粗真實等十真實也。

下、《對治修住品》，三十七品對治，四念處修住見道位也。

《修住品》，修習一切善法，得入諸果位，次第位也。

《無上乘品》，一修行無上，二境界無上，三集起無上。修行者，謂修十波羅蜜中道義。故所證境界及所化境，集無量功德，起諸善法也。

竭　五論

中邊論

《中邊論》，三卷，前論同本。

寶性論

《寶性論》，四卷。

一、佛説一切衆生性中本具佛法僧三寶也，論頌及《解教化品》中，金剛句義也。
二、佛法僧寶妙法身，功德殊勝義也。
三、明一切衆本具如來藏性，謂佛性、法身、真如，悉遍滿一切處故。
四、《煩惱所纏品》，謂此纏縛衆生三寶，衆生三寶性不能現前。喻中萎花、貧女、輪王、破屋、嚴、蜜糖等爲喻也。爲何義故説此論？真如佛性一切智者境界故。
《身轉清净成菩提品》，前説有垢真如，今説無垢真如，無漏法界得净妙身也。
《如來功德品》，真如法身一切功德，如摩尼寶也，自然不休息。
《佛業品》，如來教化衆生業，自然而行，常不休息，常作佛事也。
《校量信功德品》，有智慧人，於彼法中，能生信心。依彼信者，所得功德無邊無量殊勝也。

大乘成業論

《大乘成業論》，天親造。此論解身、口、意三業所造所作，或善或惡，至於成佛與不成佛，皆由此。

業成就論

《業成就論》，前論同本。

因明正理門論本

《因明正理門論本》，大域龍樹菩薩造。凡立一法，説一義，立宗立因，有能破能立、所成能成、簡持義、相違義、簡别義、比量義、現量義、立喻義，隨自意樂，明此正理，破邪見也。

力　九論

因明正理門論

《因明正理門論》，前論同本。

因明入正理論

《因明入正理論》，「能破與能立，及似唯悟他。現量與比量，及似爲自悟」。以此一頌，成此一論，明宗因量也。

唯識二十頌

《唯識二十頌》，天親見契經中説「三界唯心」，作此論，解其頌義，以暢玄旨，故云二十論也。

唯識三十頌

《唯識三十頌》，天親造，護法菩薩等約此頌明唯識相也。次一頌明唯識性也，後五頌明唯識行位也。

唯識論

《唯識論》，前論同本。

大乘唯識論

《大乘唯識論》，同本各譯。

轉識論

《轉識論》，轉爲衆生，轉爲法身，一切所緣，不出此二種相也。能緣即阿賴耶識、果報識、六識，一切有爲法依止種子也。

顯識論

《顯識論》，一切三界，但唯有識。一顯識，二分別識也。與前《轉識論》同本，出《無相論》中，皆真諦所譯也。

成唯識寶生論

《成唯識寶生論》，五卷，中宗皇帝《龍興三教序》，三藏義净譯也。

忠 十卷

成唯識論

一、天親菩薩將入滅時，作三十頌。後二十八家解其義，有復十六家皆不能盡其美意。護法吉普賽、安慧等十師，解成一百卷。三藏奘法師撮其要樞，譯成十卷。沈玄明作後序，慈恩法師述科疏解義，造此論。謂謬妄習人空、法空，不了煩惱所知障。今除我法二執，斷二種障，生其正解，證二空理，於唯識如實知深妙也。

二、解兩頌半，明阿賴耶識異熟一切種子，作意、受、想、思、觸、處、執受、無記、能變、所變、能藏、所藏，與雜染互相緣也。

三、明阿陀那，此云我。識如瀑流，種子難見難降，微細不可了，始終明第八識相。若或依教，則無邊定也。若約悟性，則頓現也。

四、解三頌半，能變識相，恒審思量，勝餘識故。我癡、我見、我慢、我愛，四煩惱常俱隨。其所生所繫，除羅漢果，入滅盡定。

五、前已明八識七識，今此明能變識差別。有六種隨根境，所謂眼耳鼻舌身五藏，皆依意識，妄取六塵境也。

六、解三頌半，明信愧無貪嗔癡，勤安不放逸行，捨不害三性清浄，無垢善住心相，深忍樂欲心浄爲性也。

七、明根本識，一切唯識，一切位，一切境相，智轉所依。若於此了，四智相應。於唯識理決定悟入，便證現量境界也。

八、明十依處及諸習氣發業潤生煩惱十二支，能令生死相續，遍計、依他、圓成三性，心、心所執一切唯識性等義。

九、「現前立少物，謂是唯識性。以有所得故，非實住唯識。若時於所緣，智都無所得。爾時住唯識，離二取相故。無得不思議，是出世間智。捨二粗重故，便證得轉依。」此三頌明唯識見道不見道，由此説十地相，二愚三障所斷所證也。

十、即此無漏界不思議，善常安樂解脱身。大牟尼名法，此謂成佛。偈明轉四識爲四智及四涅槃，一清浄自性，二有餘依，三無餘依，四無住處。清浄法身成變化身、受用身，證二轉依果相。於斯若悟，證唯識妙性矣。

右唯識頌本，及《唯識》《顯識》《轉識》《大乘寶生》《成唯識》等論，皆同本異譯，或廣或略也。此乃天親菩薩指求法高士，明八識相分，悟妙性現前，得解脱身，透生死矣。但微細難入，

造心易退故。講習者似牛毛，而達者未見，幾于麟角，誠可憫哉。

則 七論

大丈夫論

《大丈夫論》，二卷。

上、提婆尊者造此論。若修福、修悲、修智，名大丈夫。若不如此，非大丈夫也。或修一法，名善丈夫耳。《施勝品》《施勝味品》《施主體品》《施主乞者增長品》《勝解施主品》《增長品》《恭敬乞者品》《施慳品》《財物施品》《捨一切品》《捨陰受陰品》《捨身命品》《現悲品》《法施品》，已上十四品，皆論大丈夫能爲大施大悲也。

下、《菩提心品》《功德勝品》《勝解脱品》《饒益他品》《勝施他苦品》《愛悲品》《覺悟儜丈夫品》《大丈夫品》《説悲品》《施悲浄品》《愛悲勝品》《智慧解脱品》《發願品》《等同發願品》《勝發願品》，已上十五品，皆論大丈夫大菩提心、大智大願勝妙法義也。

入大乘論

《入大乘論》，二卷。

上、堅慧菩薩造此論。謂薄福之人，於大乘法不生疑心。若生疑心，必應聽法。若聞法已，即得開悟心地也。

下、論十地位中法門，謂菩薩妙行甚深微細，然論旨欲令有情於大乘法悟入妙理，疾證菩提。

大乘掌珍論

《大乘掌珍論》，二卷。

上、清辯菩薩造此論，廣破諸邪宗，令於如來大乘法易證真空，速入法性。以此如來掌中之珍，可愛可樂故，即便見故，示之不遠故也。

下、已悟入有爲性空，復悟入無爲性空，及令入無分別慧、無分別行等義也。

大乘起信論

《大乘起信論》，馬鳴菩薩造此論，起大乘信根。作五分説：一因緣分，説八種義，明作論意，令有情於大乘法，起信歸正見也。二立義分，一法，二義。法謂心也，義謂體、相、用三大也。三釋分，一顯示正義，依一心法，有心真如門、心生滅門也。二對治邪執，謂一切邪執皆依我見。若離我見，邪執自無也。三信成就，發心、直心、深心、大悲心也。四修行信心分，謂信根本，所樂一切智心，修六度妙行，及止觀境界也。五勸修利益分，若人依此論，起信心修習決定，至究竟位，證如來無上正真之道也。

寶行王正論

《寶行王正論》，佛爲寶行王説此一卷頌，明爲國王須行正理，治化生民及安自身，不行放逸，尊師重道，聚清净功德，弘揚佛法也。

大乘五蘊論

《大乘五蘊論》，天親菩薩造此論。色蘊，四大所成也。受蘊，領納苦、樂、不苦不樂三也。

想蘊，取種種境界也。行蘊，諸心所法不相應也，貪等不息也。識蘊，於所緣境，了别爲性，亦名心意，採集所攝也。

廣五蘊論

《廣五蘊論》，安慧大士造，義與前同也。

盡 八論

三無性論

《三無性論》，二卷。

上、謂一切法不出三性，一分别性，二依他性，三真實性。論此三性法義，以破諸邪宗也。

下、明如理如量二智境界等一切義也。

發菩提心論

《發菩提心論》，二卷。

上、天親造此論，令菩薩行者發大菩提心，發大願行，起大方便，求大智慧，興大悲種，悟如來大法，行大施，持大戒，修大忍。一一行此大行，契本來大心，成大果也。

下、精進、禪定、智慧、如實義、空、無相、功德分別、菩提心所修，如前廣大妙行法義，以成正覺也。

起信論

《起信論》，實叉難陀所譯也。若賢首國師所見，所悟作科疏，流通者真諦所譯也。前以標分，義旨一同。

方便心論

《方便心論》，《明造論品》《明負處品》《辯心品》《相應品》，此四品中義，破諸邪宗所執，方便接引入佛法大乘正見也。

如實論

《如實論》，《反質難》中，無道理難、道理難。《墮負處三品》中，明計執常、無常因緣，心所法義，破邪見滯著也。

無相思塵論

《無相思塵論》，陳那菩薩造此論，令六識外塵境起時，思量分別，析爲鄰虚，漸入無相，合空虚也。

觀所緣緣論

《觀所緣緣論》，陳那造此論，明眼耳等五識，以外境爲所緣，意識爲能緣。今論俱非，無實體故，此非理等義也。

觀所緣論

《觀所緣論》，護法菩薩造，釋前陳那所造論也，旨義一同。

命　十六論

迴諍論

《迴諍論》，龍樹尊者造此論，明一切法本因緣言語所執，世間相皆空，迴外道邪執諍論。何以故？諸法既空，何可諍也？邪心自正耳。

緣生論

《緣生論》，聖者鬱楞伽造。先明從一生三，從三生六。一謂無智無明也，三謂身、口、意也。轉生名色二也，復生六入也。展轉生諸渴愛、煩惱、苦樂、因果，一切世間諸法，皆相因相緣而生，故有是法也。

六門教授論

《六門教授論》，無著論本，天親釋義本。習世定及出世定，故求解脱人，積集勝行，令心善住，名之爲定。一師資圓滿，二所緣圓滿，三作意圓滿，此三圓滿也。一有尋有伺，二無尋有伺，三無尋無伺，此三定也。已上共成六門，以此習成定。

壹輸盧迦論

《壹輸盧迦論》，龍樹尊者造，大旨與《如實論》義通貫也。一切法無自體，自性空無常也。謂諸習學道者，於如來法海中生懈倦，故造斯論，知四衆於此義中得利益故。

十二因緣論

《十二因緣論》，净意菩薩造此論，明十二支，自煩惱、業、苦三法中起，展轉輪回不息，除去無明根本也。

外道破四宗論

《外道破四宗論》，外道僧佉論師，謂覺、我一也，執一爲宗。毗世師論師謂覺、我異也，執異爲宗。尼楗子師謂覺、我俱執，一切法不俱爲宗也。提婆尊者作論，破此四宗，令入中道也。

提婆破外道涅槃論

《提婆破外道涅槃論》，方論師、風論師、韋陀論師、裸形論師、苦行論師、净眼論師、無因論師、時論師、服水論師、力論師等，二十種外道，隨所見執爲涅槃，提婆作此論破之，令覺悟。

觀總相論頌

《觀總相論頌》，陳那造此頌，明名聲義智連屬能詮所論以總性相，方得解了佛法中正，趣正見義也。

解捲論

《解捲論》，「於藤起蛇知，見藤則無境。若見藤分已，藤知如蛇知」。論釋此偈，明强分别，非實有法，除其執著也。

取因假設論

《取因假設論》，假施設事而宣法要，欲令有情方便趣入真如。作意遠離邪宗，永斷煩惱，取因假設也。

手杖論

《手杖論》，有情自無慧解，便生邪執，由此沉淪嶮惡道中。今作此論，喻手中執杖，不落邪徑，過嶮處故也。

百字論

《百字論》，提婆造此論，破我見有相、無相、一、異外道邪見，令歸佛法，不滯偏執，成中道正見也。

掌中論

《掌中論》，「於繩作蛇解，見繩知無境。若了彼分時，知如蛇解謬」。陳那釋此頌，明相似之事未能了彼差别相。

止觀門論頌

《止觀門論頌》，天親將諸修不净觀，及諸禪定觀境義，成此頌，令修觀定者易習耳。

大乘法界無差別論

《大乘法界無差別論》，堅意菩薩造此論，明法界性、如來藏性、真如善性、衆生界、如來法身、不生不滅、不來不去、無差無別、一體無二也。

大乘百法明門論

《大乘百法明門論》，天親菩薩於本分事中略出，三藏奘法師譯。論文云：如世尊言，一切法無我，一切法有五。一心法，説八，謂眼識等也。二心所有法，有五十種也。遍行別境、善煩惱、隨煩惱、不定等五位中分也。三色法，有十種，謂眼、耳、聲、香等也。四心不相應行法，有二十四也，得命、根、衆同分、異生性、無想定、滅盡定、名、文、句身等也。五無爲法，有六義也，謂虚空、擇滅、非擇滅、不動滅、想受滅、真如等六也。無我有二也，謂人無我也，法無我也。已上計一百法，慈恩有科疏耳。

右大乘經律論，總六百三十八部，計二千七百四十五卷，共二百五十六帙。隨其所見，撮于綱目。若即而推之，經則《華嚴》《圓覺》《金剛》《法華》《楞嚴》《維摩》《心經》《彌勒上生》《下生》《金光明》《涅槃後分》《盂蘭盆》，《律則》《梵網》《菩薩戒》，論則《瑜伽》《起信》《唯識》《因明》《百法》。如上經律論，各有科疏解釋，流通天下，其餘不言可知。

大藏經綱目指要録卷第六

東京法雲禪寺住持傳法佛國禪師　惟白　集

臨深履薄，夙興温凊。似蘭斯馨，如松之盛。川流不息，淵澄取映。容止若思，言詞安定。篤初誠美，慎終宜令。榮業所基，籍甚無竟。學優登仕，攝職從政。存以甘棠，去而益詠。樂殊貴賤，禮别尊卑。上和下睦，夫唱婦隨。已上總八十函。

阿含部：有長，有中，有增一，有雜，有别也。皆朝代法師各譯。所云阿者，無也。所云含者，有也。多義具如别解。

長阿含經

臨　十一卷

一、如來爲大衆説過去七佛示生、出家、修道、降魔、成道、轉法輪、涅槃，此謂大本分説也。

二、《遊行分》，佛説跋祇國人民調順不可代，及説七不退法，從拔耆國遊行至拘利村等因緣。

三、《遊行分》中，佛或者講堂，或在樹下，或在婆拘城，或在尸羅城，或在拘尸城，隨處爲阿難人天衆説法，及説涅槃相。

四、《遊行分》中，佛告阿難：「過去六度，吾於此城作輪王，故來此涅槃。」阿難請問，諸天諸神王悉來悲惱，如來入滅定相也。

五、《典尊分》，如來因中爲國大臣，名曰典尊，化七國王出家，及梵志等衆也。

《闍泥沙分》，此云結騰，如來與授記生天也。

六、《小緣經分》，佛説二婆羅門出家，衆嫌云最上種姓，不合出家也。

七、《弊宿經分》，婆羅門名弊宿，説言只有今世，無後世果報。人多從之。迦葉童子爲説《輪王修行分》，如來因中爲輪王，名曰堅固念，出家修道而得果也。

佛功德，及説因果，遂即歸依。

八、《散陀那經分》，散陀那居士化俱尼陀梵志五百衆，來歸依佛。

《衆集經分》，舍利弗白言：「我今集如來所説法要，以防諍競。」

九、《十上經分》，一成法、一修、一覺、一滅、一退、一增、一難解、一生、一智、一證，此十上法，具足五百五十法門。

《增一經分》，自一修法、二修法、三修法乃至十法也。

十、《三聚經分》，佛告諸比丘，一法趣要也，謂毒害心也。一法趣善趣，謂不以惡心也。一法趣涅槃，謂念處也。乃至增十也。

《大緣方便經分》，佛爲阿難説十二因緣、四諦、八解也。

《帝釋問經分》，天帝釋與忉利諸天詣佛所，鼓琴讚佛問：「諸修羅多生冤結，自何起也？」佛云：「從貪嫉生也。」

十一、《阿㝹夾經分》，佛入城化伽婆梵志，謂善宿比丘先説佛過惡。

《善生經分》，佛爲善生長者説四結業、六損財法義也。

深 十一卷

長阿含經

十二、《清静經分》，尼乾子終弟子分二，諍罵不已。阿難誘化，佛爲説《修十二分經》，及諸善法、諸禪定觀境。阿難云：「微妙第一清淨也。」

《自歡喜經分》，佛爲舍利弗説禪定三昧。

《大會經分》，佛在迦濕林中，諸天諸神等大集，佛説諸神咒語。

十三、《阿摩晝經》，婆羅門令弟子阿薩盡往，相佛實有三十二相否。至佛所，佛爲説法。復召師同衆，俱來見佛。

十四、《梵動經》，善念梵志與弟子衆至佛所，爲説六反震動。阿難白佛言：「云何名此經？」佛云義動、法動、見動、魔動、梵動等。

十五、《種德經》，大婆羅門名曰種德，詣佛所問：「成就幾法而得真實，言不虚妄？」佛即答之。

《羅檀頭經》，佛説過去國祭祀不使牛羊，及乎歸依佛法僧。

十六、《堅固經》，長者子堅固白佛：「當現神變，顯上人法。」佛云：「我於静處，教弟子不得於婆羅門中，現神變也。」

《裸形梵志經》，名曰迦葉，來至佛所，問曰：「故壞祭祀法，罵苦行人。」佛爲説法，出家得道。

《三明經》，佛説正法，破三明婆羅門邪法，令得佛法正見正趣也。

十七、《沙門果經》，佛爲阿闍王壽命童子，説因果法。沙門修行，便得果報也。

《吒婆樓經》，佛破梵志説無因論也。

《露遮經》，來請佛去，後忽起惡念。佛知已去，受供爲説惡見惡念不可起，不成沙門果也。

十八、《世説經》，閻浮洲北單洲，佛説縱廣山川、天地日月、人民花菓、莊嚴草木等相也。輪王出世治化，七寶自然現也。

十九、《地獄品》，佛説閻羅王界，一切地獄所現衆苦相狀。《龍鳥品》，佛説四種龍王四種金翅鳥，各各所報也。

二十、《阿須倫品》，佛説大海水中有阿修羅宮殿，無量莊嚴也。《四天王品》，皆在《世記分》，佛説須彌山東西南北，有四天王宫莊嚴等相也。《忉利天品》，佛説須彌頂上有三十三天，諸天宫殿莊嚴報境壽命，及校量四大洲中所有惡鬼傍生等，成陰陽事，各各自有相勝法等一切相也。

二十一、《三灾品》，佛説，水火風三灾，成壞空劫中相狀也。《戰鬭品》，佛説修羅與帝釋諸天战鬭相也。

二十二、《三中劫品》，佛説刀兵、饑荒、疾疫，小三灾緣也。《世本緣品》，佛説三灾過已，天成地成時，光音天人命終，展轉下生，漸次世界成就，乃有莊嚴國土。人民初生，人猶有身光。久久生愛染心，一切食用之物，即漸隱没，漸起鬭諍，由是立君立臣等也。

中阿含經

履　十卷

一、《善法經・七法品》，佛爲比丘説知義、知法、知時、知節、知己、知衆、知人，勝如七法也。

《晝度樹經》，佛説三十三天，有樹名晝度。有時葉萎葉落葉還生，復生綱如鳥喙，開如鉢。復盡開光所照、色所映、香所薰。我弟子落發修行得道，亦復如是。

《城喻經》，佛説國王須得七具足，方能守護。出家弟子，亦復如是也。

《七水喻經》，佛説，常河水，或有常在水有没還出，有出還没。次有出水而住，有出水而渡。或有便渡彼岸，喻出家修行不修行也。

《木積喻經》，佛見大木積火洞燃，告弟子云：「梵志衆著五欲樂，自燒如此也。」

二、《善人往經》，佛説七種善人所往處涅槃也。

《世間福經》，佛説世間七種大福報功德也。

《七日經》，佛説七日現已須彌壞、海水竭，令人天知無常也。

《七車品》，佛見國王置七車，速至無上正等覺也。
《漏盡品》，佛云：「已知已見而得無漏也。何以故？以正思惟，或不思惟等。」
三、《業相應品》。
《鹽喻經》，佛説修身、修戒、修福、修慧與不修者，喻投一兩鹽於多水少水中，或苦或淡，俱喫不得也。
《恕破經》，與目連問答身口意業，故名也。
《度經》，佛説有三度處，有云一切皆夙命造，有云一切皆因尊祐造，有云一切皆因無緣造。我往度之。
《羅雲經》，佛爲説象水王戰，及鏡喻等也。
《思經》，佛説，身口意三不善，及善業宜自思之報也。
《伽藍經》，佛遊伽藍國，人民梵志，或毀或讚，佛平等化之也。
《伽彌尼經》，佛爲説十善業道報也。
四、《師子經》，婆羅門弟子，名師子大臣，來詣佛所，聞法歡喜也。
《尼乾子經》，佛破所説本因，復説上斷上苦行、中斷中苦行等義也。
《波羅牢經》，佛爲説法，即生正信也。

五、《等心經》，佛攝等心天衆，在錐頭無礙也。

《成就戒經》，佛告人天云：「汝等當成就戒定慧也。」

《智經》，佛言，舍利子自稱得智，梵行已立也。

《師子吼經》，舍利子遊行人間，諸梵志各有相違法，佛許懺悔也。

《水喻經》，佛説身口意净不净業，喻熱惱所逼遇池水，牛迹水若何易解。

六、《瞿尼師經》，因事而還，舍利弗告衆云：「無事比丘當行無事也，舍利子化梵志陀，然説梵天法也教也。」

《病品》，舍利子爲給孤長者説教也。

七、《未曾有法經》，佛説天壽、天色、天譽，及示生一切未曾有法也。

《侍者經》，衆議各不同，遂命阿難也。

《薄拘羅經》，諸異學曾爲友者來問，仁者佛法中出家，八十年想念事事。

《修羅經》，佛説修羅宫八未曾有法，故不衰也。

八、《拘絺羅經》，於佛法中得正見人不壞净心也。

《象迹喻》，佛云：「一切畜生迹，象最大。一切法中，四聖諦爲上也。」

《分别四聖經》，其義則苦集等也。

九、《地動經》，佛遊金剛國，地大震動，阿難問佛三因緣也。

《瞻波國經》，佛遊彼國入定，見一比丘行不净，不説解脱也。

《郁伽長者經》，佛爲手長者二人，或説四法，或説八未曾有法義也。

十、《何義經》，阿難白佛：「持戒何義？」佛云：「不悔義也。」

《不思經》，佛告阿難：「持戒者不應思念我不悔。」佛告比丘：「須得正念、正智，慚愧、持戒、恭敬，了本際有食非無食涅槃盡智彌醯，及比丘等諸經，各是一緣，看教者自見也。」

薄 十卷

中阿含經

十一、佛説三十二大人相，及説因中於四大洲，作輪王頂生等緣。及指抄少牛糞，告喻比丘，無一法常也。婆羅王來迎佛入城，佛爲説法四緣經義也。

十二、佛至拘薩羅國，忽笑云：「迦葉如來在此説法時，有一長者耆陵婆，來供養聽法也。佛以浄天眼觀衆生作善作惡，隨業受報。閻羅王遣五天使者來教誡訶責，即追入地獄受苦毒也。」

十三、佛説烏鳥喻，比丘持鉢不守根門，不存正念，亦復如是也。佛説過去爲貧人施辟支佛食，復説彌勒出現時因緣。

十四、佛在奈林中説過去爲大天輪王，及爲善見王捨王位，出家學道，行難行忍等行，今成等正覺。

十五、佛爲比丘説三十喻，守護根門，如守門閣人，守心如泉池也。及説爲善念輪王出家求道也。

十六、鳩摩羅迦葉往化拘薩羅國王問答因緣。

十七、佛因中爲長壽王子，名長生，父子遇貪王因緣。

十八、長壽王因中願生長壽光明天，行八正念不動道清净因緣也。佛遊行至郁伽支羅國，爲彼人民説法，度三族子出家因緣也。

十九、《梵天經》，佛破常無常見，請佛受供養，佛爲説法也。復説《迦絺那經》，佛弟子各説迦絺那法，爲梵行本致覺相應也。

二十、《念身經》，佛説觀身不净也。

《支離彌梨經》，佛説四禪定中不聞支離彌梨蟲聲也。

《睡眠經》，大目連思惟是已即睡也。

夙 十卷

二十一、《無刺經》，禪以聲爲刺，犯戒刺、欲刺、嗔刺也。
《真人經》，佛弟子説真人法不真人法。
《説處經》，佛爲弟子説處及教處眼耳等處，四諦因緣教處也。
二十二、《穢經》，佛説四種人，或内有穢外無穢，或内無穢外有穢，或内外有穢，或内外無穢也。以説《求法經》，佛云汝等當求法，莫求餘食也。
二十三、《比丘請經》，請目連説法也。
《知法經》，佛説所知法而無增也。
《問見經》，佛告周那云：「世間諸見生而生計有神、有我、有人也。」
《蓮華喻經》，佛云：「人不被惡欲所染，如蓮華出水。」
《净梵志經》，佛爲説諸穢、諸惡也。
《黑比丘經》，佛爲説不鬪諍及鬪諍損益也。
《住法經》，佛告大衆云：「汝等知我説住善法，不退不增也。」
二十四、《大因經》，佛説大業大苦果必作大因，大善大報作大因也。十二因緣、四念處，身受心法也。

二十五、《苦陰經》，佛爲諸梵志，説現法苦因，從因欲緣欲，以欲爲本，成諸苦相也。

《增上心經》，佛云：「汝等欲得增上心，常善念，應除不善念。」

二十六、《師子吼經》，佛爲師子吼比丘説四沙門果，法念合外道也。

《婆羅經》，佛弟子實意居士詣彼林中，與梵志論議破邪見也。

《願經》，佛云：「汝等當願三結俱盡成道也。」

二十七、《林經》，佛在勝林園，告大衆云：「若依此林住，便得正念正定解脱，證沙門果也。」

《自觀心經》，佛云：「未能觀他心，且自觀心也。」乃説觀法。

《達梵行經》，佛云：「法有妙中妙，具足清白，達梵行也。」

《阿奴波經》，佛在彼國説調達放逸入地獄。

二十八、《諸法本經》，佛云：「一切諸法，以欲爲本也。」

《優陀羅經》，佛云：「汝本不知不覺，自稱知、自稱覺也。」

《蜜丸喻經》，佛云：「若人於我法中得味，如飢人行山，得蜜丸食也。」

《曇彌經》，佛爲曇彌説，若女人堅信佛法，出家捨諸飾好，必得四沙門果也。

二十九、《柔軟經》，佛云：「我昔出家求道，苦行從閑逸柔軟中來也。」
《龍象經》，佛爲烏陀夷説，波斯匿王大象如龍中龍王，象中象王。
《説處經》，佛説過、現、未來三處也。
《無常經》，説無常、苦、空、無我也。請佛夏坐，滿十五日説請，請時梵志悉來也。
《瞻波國經》，佛在彼國不説法，有比丘行不净也。
《沙門二十一億經》，佛爲説法，令得果證也。
《八難經》，佛説八難八時也。
《貧窮經》，佛云欲人貧窮，爲大苦、苦等也。
三十、《行欲經》，佛爲給孤説十惡欲，爲貧名利等也。
《婆塞經》，佛爲五百人説法，諸善男子各正正信也。
《福田經》，佛爲給孤説有學人、無學人二種福田也。
《教曇彌經》，善男子衆駈出曇彌佛，即教之令不生惱也。
《降魔經》，魔王入目連腹中，即入定，爲説法而降。

興 十卷

中阿含經

三十一、《賴吒积羅經》，白佛云：「我爲家鎖所鎖，不得盡形行浄梵行。」佛爲説法，許出家，遂得道果也。

三十二、《優波離經》，佛爲苦行尼乾子優波離居士三百人説法，令捨邪歸正，於佛法中出家修道，各得羅漢果。

三十三、《釋問經》，帝釋詣佛所問法，佛爲説往昔因緣也。

《善生經》，佛爲善生説禮六方：「非同汝法，我六法勝妙也。」

三十四、《求財經》，佛説，過去商人入海採寶，漸次到羅刹城，爲所食喻苦陰也。

《世間經》，佛説自覺世間，知世間，斷世間想也。

《止息經》，佛説數息觀法也。

《至邊經》，佛説比丘乞食，不守六根，忘失法樂，沙門義二邊也。」

《喻經》，佛説，不放逸爲本，如田生物無盡，如象迹爲大也。

三十五、《雨勢經》，未生怨王，令大臣雨勢詣佛所，言欲伐跋耆國緣也。

《傷歌羅經》，佛爲此梵志及算數梵志説法，各正信出家也。
《瞿點經》，與阿難論議，乃歡喜奉行。
《象迹經》，佛云：「一切獸迹，象迹爲大，我法亦然也。」
《何苦經》，佛問諸梵志修何苦行也。
三十六、《梵志瞿點經》，阿難往化論議，及與摩竭大臣論如來無與等者也。
《象迹喻經》，世尊爲梵志説象迹勝諸獸迹，及四禪定境也。
《聞德經》，生聞梵志問佛，在家出家學道有何義也。
《何苦經》，梵志問在家何苦何樂，出家何苦何樂？佛爲説之。
三十七、《何欲經》，生聞梵志問云：「何欲、何行、何立、何依、何説耶？」佛即答之。歌邏、攝惒二梵志，佛爲説四種性法。
三十八、梵志鸚鵡、摩納、須閑提聞詣佛所，聞法出家，各得道果也。
三十九、婆私吒、波羅婆、須達哆、波羅延四梵志詣佛所，聞法出家，修梵行，成道果也。
四十、佛在黄蘆園，耆年、頭那、阿訶、羅阿、藺那五梵志，同詣佛所，聞法各各心開悟解也。

温 十卷

中阿含經

四十一、摩羅梵志來相佛三十二大人相，未見舌相及馬陰藏相，復來，佛即現之。

四十二、佛説六根、十二處、十八界，分別諸不浄觀也。

四十三、佛在温泉林，有一天來説婆地羅帝偈，禪室阿難問二經義。

四十四、佛説摩納提子，白犬是汝父，即以金狀卧爲驗也。

《分別大業經》，梵志來謂三彌提云：「如來身口意，唯意業真諦。」

四十五、心維比丘思惟心，誰將世間去，誰污染耶？佛爲浮彌比丘説法，復爲四衆説四種受法也。

四十六、佛説四種禪行，及四種説經因緣也。

四十七、佛云：「獵師飼鹿近食，不放逸比丘食我法味，即隨於我，亦復如是。」佛爲五支物主説法，曇彌來施，上佛金色。又爲阿難大衆分別多界，即十八界、四大界。

四十八、佛在馬邑馬林、牛角婆羅門林，説沙門法。復有求解者，佛爲隨機開悟，皆爲比丘衆。

四十九、佛云：「汝等所得智，我生已盡，梵行已立。」又爲阿夾那說一切知、一切見。復說七覺支、八正道、大小空義相也。

五十、佛爲烏陀夷、破群那二比丘說法，及說夙世因緣，令修四禪定，不得起嗔心也。

清 十卷

中阿含經

五十一、佛爲跋陀和利阿濕貝二比丘說持一食利益，或云持得好，或云持不得也。

五十二、佛爲沙彌周那說六不諍也，爲波離說律儀律業也。復說調御象、調御馬、調御牛、調御人，此四法也。

五十三、佛爲比丘衆，說愚癡法畢定，輪迴六道，生死苦報也。說智慧法畢定，得四聖果，至佛正覺菩提。

五十四、阿利吒、嗏帝二比丘生惡見，諸比丘嫌，佛說法令生正知正見也。

五十五、佛爲長者婦，說牛兒齋、尼乾齋、八聖齋，此三齋法也。復爲晡利多居士說布施不得我慢，行清净施成利益也。

五十六、佛在摩羅梵志家，集會處說法。復爲比丘衆說五分下結，則戒取等也。若比丘不拔心中五結，不解心中五縛，不能得清净梵行，成沙門果。

五十七、佛爲箭毛、摩納修二梵志，論議除去邪見，令於佛法中生正見也。

五十八、法樂比丘爲優波夷毗佉説身法，舍利弗爲拘絺羅説入定法。佛云：「是如是説，依如是行也。」

五十九、佛爲波斯匿王説一切智法莊嚴，王即奉行。王以鞞阿提衣止阿難云：「此衣第一。」諸比丘咸云：「王於諸王中無欲第一也。」

六十、佛謂梵志云：「若愛生時，便生煩惱憂慼也。」復爲八城居士説慈心俱得無漏也。復破諸外道常無見，乃告東西南北：「若知弓，知箭可拔也。」復説四念處、四正斷、神足法耳。

增一阿含經

似 十卷

一、《序品》，佛云：「過去佛所受此增一阿含法，攝一切法也。」

《十念品》，念佛、念法、念僧、念戒、念施、念天、念休息、念安般、念身、念死，此十經也。

二、佛説十念法門，若能持者，大得名譽果報也。

三、佛説百聖弟子，五十比丘尼，四十清信士，三世清信女，阿須倫等十經，各行一行，隨行稱功也。

四、《一子品》，佛云：「如有一子一女，如何教訓？宜守護之。」《護心品》，持一法，行一行，布一施，當護心如一子一女也。

五、《不邏罪品》，佛云：「滅欲、滅嗔、滅貪，得果也。」《一入道品》，佛云：「專一心入八聖道，及諸禪觀也。」

六、《利養品》，佛云：「貪著利養、世味、五欲、名勢、榮華，皆不能成道也。」

七、《五戒品》，佛説持五戒得善果也。《有無品》，佛云：「不斷有無二見，同外道也。」《火滅品》，佛云：「禪定水澄，貪欲火滅也。」《安般品》，佛爲羅云説安般三昧，除去煩惱愁也。

八、佛説安般三昧中，修正見正知、正解正定法門，及説因中所修如是義也。

九、《慚愧品》，佛説此二法，若知慚愧者，知恩報恩，得現果也。若不知慚愧，與畜生無異。不別尊卑，乃説知慚愧人耳。

十、《勸請品》，佛 得道未久，思惟所得法，甚深微妙，恐無信者。諸天諸龍，十方諸佛，十方菩薩悉來勸請，隨宜説法，乃轉法輪。

蘭　十卷

增一阿含經

十一、《善知識品》，佛云：「近善知識，善法增長也。近惡知識，惡法增長也。」會中比丘聞説是已，各修禪定觀行。復説過去近善知識，而得超度。近惡知識，而墮惡趣。莫不驚怪此事。

十二、《三寶品》，佛説歸依佛德、法德、僧德也。

十三、《地主品》，波斯匿王至佛所供養佛，説燈光如來出現時，爲王名目地主，供養彼如《三供養品》，佛説供養三寶果報也，會中各各自念過去事三寶功也。

十四、《高幢品》，佛云：「帝釋大戰場立高幢，令望者自歸。汝等瞻望於我，一切我慢幢、來，太子於彼佛所成道。其地主者，我身是也。

惡見幢，自然摧折。」

十五、《高幢品》中佛説，在石室降惡龍，手擎至，迦葉遂往受别供，因説北單國長粳米，及净愛王説法。

十六、《高幢品》中佛説三齋、八齋法，及説因中爲長壽王子長生也。

十七、《四諦品》，佛爲人天説四諦法也。

十八、《四意斷品》，佛説此法門，復爲波斯匿王説法。

十九、佛爲弟子衆説四禪定平等趣回四聖諦，而成道果，各悟所修證之行也。

二十、《聲聞品》，佛云：「汝等五百比丘，大聲聞是因緣也。」阿闍世王來，問優婆塞法，佛即爲廣説其義門。

斯 十卷

增一阿含經

二十一、《苦樂品》，佛云：「或先樂後苦，或前苦後樂，或先後俱苦，或先後俱樂，或身樂心不樂，或身不樂心樂，或身心俱樂，或身心俱不樂也。」四梵福、四不思議、四辨、四神足、四愛起、四大河、四等心、四食等十經。

二十二、《須陀品》，善説諸陰義，多睡比丘前身作龍，諸弟子各現神力至長者家，與須菩提女論議。

二十三、《增上品》，佛化梵志受戒，往四佛生處，説四事法，行四迹，復化四梵志。説修苦行時，有不隨者，謂言我錯亂修習等義。

二十四、《善聚品》，佛云：「我爲汝等説善聚法，所謂五根。」復説不善聚法，所謂五蓋也。復説五功德也，地獄相皆緣不善聚法也。天人下生，出家得道，爲王除憂患等緣也。

二十五、《五王品》，波斯匿王、優陀王、惡生王、毗沙王、優填王，同至佛所，爲説色妙、聲妙、香妙、味細、滑，此五妙欲境。因此沈淪，月光長者、尸羅婆二長者，夙種因緣也。

二十六、《等見品》，舍利弗告衆云：「令各思惟五陰盛衰，各各因此入道。末利夫人生流離天華萎，歸依佛法僧，再獲天報。」

二十七、《邪聚品》，佛云：「有五事知此人在邪聚中，一應笑不笑，二應喜不喜，三應慈不慈，四作惡不耻，五聞善不著意。若笑應笑，喜應喜，慈應慈，耻作惡，見善意喜，此人爲住正見聚中也。」

二十八、《聽法品》，佛説聽法功德，作浴堂施楊枝功德。二惡龍化煙，燒閻浮提惱佛，目連神變，化爲大龍，復爲小龍降之也。

二十九、《六重品》，佛云：「一身行慈，二口行慈，三意得利與人俱，四戒不缺犯，五戒利人，六正見聖賢。以此可敬可貴目連神足也。」

三十、佛令穢行比丘於舍利弗前懺悔，謂預起謗毁。故佛復爲比丘衆説最上第一空法門，則觀諸陰空無故也。

馨 十卷

增一阿含經

三十一、《力品》，佛說六凡常力，一小兒以啼爲力，二女人以嗔爲力，沙門、婆羅門以忍爲力，國王以憍慠爲力，羅漢以精專爲力，諸佛以大悲爲力。復說無常想也。

三十二、佛說，靈鷲諸山過去各有異，其名不同今名，佛辟支等於中成道。

三十三、七知義晝度樹水喻，《長阿含經》同也。

三十四、《七目品》，《長阿含經》同。

三十五、《莫畏品》，佛告摩訶男：「汝當取命終，莫生恐畏，必生善處，如我昔行苦行也。」

三十六、《八難品》，佛云：「佛出現地獄，不見不聞，一難也。及在畜生中，不見不聞，二難也。惡鬼中，不見不聞，三難也。長壽天，不見不聞，四難也。在邊地，不見不聞，五難也。根不完具，不見不聞，六難也。得羅漢果，自在遊樂，七難也。自修證羅漢果，八難也。」此八非梵行所修。復說八地獄閻羅王界所現苦狀。

三十七、佛說涅槃相也。

三十八、馬血天子八正品，佛說八正道、八關齋法義也。

三十九、如來降魔因緣。

四十、《九衆生居品》，佛説人界、欲界、迦夷天、光音、遍净、空天、識天、非想天、無所有天，修道人離此九居也。佛説親願九法、九惡法、孔雀九法、女人九繫法、上中下三善法，瞻病比丘朱利槃特化王子等。

如 十卷

增一阿含經

四十一、《馬王品》，佛説，女人過去不受長者女意愛，乃説因中爲馬王，曾免羅刹女，或只是此緣也。

四十二、《結禁品》，佛説十事功德，承事聖衆，降伏惡人，不令有惱，使立信根，倍令增長，得盡有漏，正法久住。及爲比丘衆説一切善法也。

四十三、《善惡品》，佛云：「行十善生善趣，行十惡得惡報，持十念得至涅槃。」爲王説施破異論等緣。

四十四、《十不善品》，佛説十不善業，復爲阿難人天衆立戒禁。馬宿比丘行不净行，佛説過去佛立戒禁，各得聖果也。

四十五、佛説過去佛因緣，如《長阿含經》初分。

四十六、《放牛品》，佛説偈云：「牧牛不放逸，其主獲其福。六牛六年中，展轉六十牛。比丘戒成就，於禪得自在。六根而寂然，六年成六通。」於此説十一法，法法十一也。如如色知相、知摩刷、知覆護瘡、知煙起、知良田、知茂處、知所愛、知擇道行、知食止足、知度處、知敬奉。此十一法，例此《增一阿含》。本一法上增至十一法，以此曉其説法立題之本意也。

四十七、佛現舌相神變，度陀羅梵志一切因緣。

四十八、《禮三寶品》，佛説禮如來有十法，當念十一事，專一十一法等因緣。

四十九、《非常品》，佛説：「衆生恩愛流轉生死，淚多如恒河水。汝等常作無常相。」復説因中爲音響輪王悟無常，捨位出家修道。

五十、《大愛道品》，聞佛將入滅，乃云我今不忍見，不如先取滅度。乃往白佛，遂入禪定而取涅槃也。

五十一、佛弟子衆，佛爲説劫數長遠，不可窮極，乃隨宜説一事、兩事、五法功德等因緣。

雜阿含經

松 十卷

一、佛令比丘觀色等無常也。
二、佛令觀色等非是我等相。
三、佛令觀五受陰生滅等相法門。
四、佛爲波斯匿王説施處大果報。
五、佛令比丘衆問差摩比丘病也。
六、佛爲比丘説有流色集等法。
七、佛説所有、所起、所繫、所著、所見等法也。
八、佛令比丘觀眼等無常義。
九、佛令觀眼觸識等苦樂不苦樂等也。
十、佛説無明、色、受、想、生滅因緣等法門。

之 十卷

雜阿含經

十一、佛令觀眼識法，當自思惟也。

十二、佛説生緣老死憂悲苦惱純大苦聚也。

十三、佛説内六入、外六入 法。

十四、佛説苦樂自作不作因起等法。

十五、佛説見法、涅槃法、根法、眼法，依漏盡即是也。

十六、佛説四聖諦道迹法門也。

十七、佛説光音等天一切空界義。

十八、佛説出家難善調伏，一切法所修。

十九、佛説諸天果報。

二十、佛説四念處一切善法義也。

盛 十卷

雜阿含經

二十一、佛説眼耳等覺，修四禪定。
二十二、佛説法，諸天各以偈讚答。
二十三、佛持鉢，二童子以沙上佛，即記爲阿育王也。
二十四、佛説四念處所修法義也。
二十五、佛云：「吾滅後百年，此青林下有得道弟子。」
二十六、佛説三根、五根法義也。
二十七、佛令斷五蓋，修七覺、四念處法也。
二十八、佛説八正所修法門。
二十九、佛説正見、正定，斷三法、證四果也。
三十、佛説戒相應制戒法一切戒等相也。

川 十卷

雜阿含經

三十一、佛説人間歲數，諸天展轉倍增，修行莫入地獄。
三十二、佛説有後生死、無後生死，破外道見無記也。
三十三、佛説：「馬有捷疾具足、非色具足、非體具足，比丘戒亦有三具足也。」
三十四、佛説無始時來，轉輪生死，不知苦之本際，是故勤斷諸欲。
三十五、佛化外道羅步，住於佛法中，住正見正知也。
三十六、婆耆及諸天子詣佛所，各説偈讚佛。
三十七、佛往病比丘所，説法令各捨命生天解脱也。
三十八、佛説善生比丘出家非家，及難陀著好衣等因緣。
三十九、諸比丘在樹下坐，不起正念，多生惡想。佛往教。
四十、若能受持七種受生，天帝釋住處，及供養父母緣也。

流　十卷

雜阿含經

四十一、佛爲諸釋種説受齋日次第法。

四十二、佛爲波斯匿王説人施得大果報，力士爲喻見意等也。

四十三、佛説：「了了知所知，了所了，作苦邊内入處是一邊，外入處是二邊也。」

四十四、四吒婆夷喪子，發狂，見佛即服本心，遂出家受三歸戒。

四十五、請比丘尼禪思，魔來惱害，不動，即自隱没也。

四十六、佛説，帝釋生慈心，修羅自退，是故佛弟子當修刺慈心三昧。

四十七、給孤白佛云：「若有來我舍命終者，得生天也。」

四十八、諸天子女來詣佛所，聞法開悟也。

四十九、諸天子來詣佛所，以偈問佛，佛復以偈答之，聞者解脱。

五十、長者子出家破八支齋，鬼來所撓，母爲説法，即得羅漢道果。

別譯阿含經

不　八卷

一、佛爲新出家比丘説二十二經法也。
二、佛降魔王阿修羅等十九經因緣法。
三、佛説帝釋、修羅、波斯匿王等來，至佛所問法，十八經因緣也。
四、阿闍世王與波斯匿王交戰，佛説法解勸，十九經因緣也。
五、佛化諸婆羅門，或出家，或生正信十五經也。
六、佛爲阿難諸新出家比丘初具儀范，慚愧分別生死等一十因緣也。
七、佛爲老伎人及聚落生説法，復説因地所修等九經因緣。
八、佛爲諸天子、諸王子、諸弟子，隨機説法，二十六經因緣也。

息 八卷

別譯阿含經

九、諸天子以偈問佛，以偈答優夷給孤等，二十一經。
十、佛爲犢子梵志説八經因緣也。
十一、優陟、長爪、重巢三梵志至佛所，論議生信，一十三經緣。
十二、諸魔惱比丘、比丘尼，諸天説偈等二十三經。
十三、佛爲耆奢、諸天、婆羅門、摩納伽等，説二十八經緣。
十四、佛誒諸天女、天人，及説地獄等，説二十七經也。
十五、佛爲諸天子、諸雪山王、七岳夜叉等，説三十一經。
十六、佛爲諸比丘説無常、苦、空、無我等法，各以偈讚佛，二十經因緣。

右《阿含經》總五部，計二百單三卷也。若《長阿含》二十二卷，爲四分，三十經則佛説緣起相長也。《中阿含經》六十卷，分十八品二百二十餘經，則佛説緣起相中也。《增一阿含經》五十一卷，分五十品四百七十餘經，則佛説緣起，自一增至十也。《雜阿含經》五十卷，則佛應機雜説事，不分品次也。《別譯阿含》十六卷，多出前部。但攝要爲別也。略辯于此，尋樞要者覽斯可見。

淵 八經

佛般泥洹經

《佛般泥洹經》，二卷。

大般涅槃經

《大般涅槃經》，三卷。

般泥洹經

《般泥洹經》，二卷。

已上三經，出《長阿含》第二、第四卷，《初遊行品》同本各譯。

人本欲生經

《人本欲生經》，《長阿含》第十卷《大力方便品》同本。

羅越六向拜經

《羅越六向拜經》，《長阿含》第十一卷《善生經》同。

阿颰經

《阿颰經》，《長阿含》十三卷《阿摩晝經》同。

梵網六十二見經

《梵網六十二見經》，《長阿含》十四卷《梵動經》同本也。

寂志果經

《寂志果經》，《長阿含》十四卷《沙門果經》同本異譯。

澄 十卷

起世經

一、《閻浮洲品》，佛説，千日月所照，謂大千界。諸山河海國土，諸天人民草木香花莊嚴所生諸寶，一一説之也。

《究留洲品》，佛説無量寶樹、寶花、寶地，人民形量姝好，飲食美妙，十善業所報。

二、《輪王出現品》，佛説，出現時七寶自然涌出，四兵具足。天與寶輪住東西南北，一切國王自然賓伏，所有臣佐智謀自生。其報盡也，諸事退失，乃無常也。

三、《地獄品》，佛説，閻浮大鐵圍山間有大地獄，閻羅王爲主，無量牛頭獄卒鬼將以爲眷屬。其中有十八大地獄，一百二十小獄諸苦相。

四、佛説地獄中衆生，受無量苦相，太黑繩、大灰河、大熱沙地、大阿毗脂，呼呼吒吒地獄，其中受罪衆生，皆夙造惡業招報。

五、《龍鳥品》，佛説海龍王、金翅鳥，各各所生所報食也。

《阿修羅品》，佛説修羅宫殿莊嚴報土，亦錯亂修習。

六、《四天王品》，佛説須彌山頂，天王宫殿莊嚴，威勢殊勝，諸天每集善法堂中也。

七、《三十三天品》，佛説，帝釋在歡喜園中，與諸天集會，天女來侍。一切快樂果報殊勝，超越人間百千萬倍，及壽命長遠，亦復如是。

八、《戰鬪品》，佛説，帝釋與修羅戰，得勝。以五繫縛，將至法堂。修羅忽念，我今得同諸天歡娱，其五縛即自解也。

九、《劫住品》，佛説，刀杖、饑餓、疾疫三中劫，十不善業所悟也。

《住世品》，佛説世界成住，不可量不可算，轉成轉壞，中間有火、水、風三大灾，故此世界能成、能壞、能住。

十、《最勝品》，佛説風化成世界，光音天人下生，漸有日月、宫殿、星辰，出現安立諸山，三四大洲天人生其中，久即愛染，遂成惡法，起貪、起嗔、起諍。乃立田主，名曰輪王，乃至頂生王等，立十善法始。

取　十卷

起世因本經

《起世因本經》，前經同本各譯，文有廣略，亦與《起世經》同也。

映　三經

大樓炭經

《大樓炭經》，六卷，此云世也，或云起世也，《長阿含·世記經》同本。

中本起經

《中本起經》，二卷。

上、《轉法輪品》，佛説四諦十二因緣也。

《神變品》，佛度諸弟子也。

《迦葉品》，佛往火龍窟，度迦葉三兄弟也。

《瓶沙王品》，佛爲説法，令悟無常也。

《舍利目連品》，見馬勝來佛所出家也。

《還父王國品》，佛成道已，將大衆歸見净飯父王也。

下、《須達品》，爲佛有金地也。

《本記該容品》，王夫人該容奉佛，箭射不入也。

《波斯匿王品》，佛説王子小、火小、蛇小、僧小，此四小不可欺也。

《迦葉來學品》，佛分半座同坐也。

《度奈品》，佛爲説法，出家爲尼也。

《尼乾問疑品》，佛爲外道説法，令於佛法中生正信也。

《馬麥品》，佛三月食馬麥，乃夙緣所報果也。

容 三十經

七知經

《七知經》，《中阿含》第一卷《善法經》同本。

鹹水喻經

《鹹水喻經》，《中阿含》第一卷《水喻經》同本。

守因經

《守因經》，《中阿含》第二卷《漏盡經》同本。

四諦經

《四諦經》，《中阿含》第七卷《分別聖諦經》同。

大藏經綱目指要録卷第六

恒水喻經

《恒水喻經》，《中阿含》第九《瞻波國經》同。

本相倚致經

《本相倚致經》，一卷。

緣本致經

《緣本致經》。二經，《中阿含》第十卷《本際經》同。

頂生王故事經

《頂生王故事經》，一卷。

文陀竭王經

《文陀竭王經》。二經，《中阿含》十一卷《四洲經》同本。

閻羅王五天使者經

《閻羅王五天使者經》，一卷。

鐵城泥犁經

《鐵城泥犁經》。二經，同出《中阿含》十二卷《天使經》。

古來世時經

《古來世時經》，《中阿含》十三卷《説本經》同因地也。

阿那律八念經

《阿那律八念經》，《中阿含》十八卷《八念經》同。

離睡經

《離睡經》，《中阿含》二十二卷《穢經》同。

是法非法經

《是法非法經》，《中阿含》二十一卷《真人經》同。

求欲經

《求欲經》，《中阿含》二十二卷《穢經》同本。

受歲經

《受歲經》，《中阿含》二十三卷《比丘請經》同。

梵志計水净經

《梵志計水净經》，《中阿含》二十三卷《水净梵志經》同也。

釋摩訶男本經

《釋摩訶男本經》，一卷。

苦陰經

《苦陰經》，一卷。

苦陰因本經

《苦陰因本經》。三經，《中阿含》二十五卷《苦陰經》同本。

樂想經

《樂想經》，《中阿含》二十六卷《想經》同。

漏分布經

《漏分布經》，《中阿含》二十七卷《達梵行》經。

阿耨風經

《阿耨風經》，《中阿含》二十七卷《阿奴波經》同本。

諸法本經

《諸法本經》，《中阿含》二十八卷《諸法本經》也。

瞿曇彌記異經

《瞿曇彌記異經》，《中阿含》二十八卷《瞿曇彌經》同。

瞻波比丘經

《瞻波比丘經》，《中阿含》二十九卷《瞻波經》同也。

伏淫經

《伏淫經》，《中阿含》三十卷《行欲經》同。

魔嬈亂經

《魔嬈亂經》，一卷。

弊魔試目連經

《弊魔試目連經》。二經，《中阿含》三十卷《降魔經》同。

止 三十二經

賴吒和羅經

《賴吒和羅經》，《中阿含》二十一卷《和羅經》同。

善生子經

《善生子經》，《中阿含》三十三卷《善生經》同。

數經

《數經》，《中阿含》三十五卷《算數經》同。

梵志問種尊經

《梵志問種尊經》，《中阿含》三十七卷《阿攝惒經》同。

須達經

《須達經》，一卷。

三歸功德經

《三歸功德經》。二經，《中阿含》三十九卷《須達哆經》同也。

竹園說學經

《竹園說學經》，《中阿含》四十卷《黄蘆園經》同。

梵摩喻經

《梵摩喻經》，《中阿含》四十卷《梵摩經》同。

尊上經

《尊上經》，《中阿含》四十三卷《禪室尊經》同。

鸚鵡經

《鸚鵡經》，一卷。

兜調經

《兜調經》。二經，《中阿含》四十四卷《鸚鵡經》同。

意經

《意經》，《中阿含》四十五卷《心經》同。

應法經

《應法經》，《中阿含》四十五卷《受法經》同。

泥犁經

《泥犁經》，《中阿含》五十三《癡慧經》同。

墮舍迦經

《墮舍迦經》，一卷。

齋經

《齋經》。二經，《中阿含》五十五卷《持齋經》同。

鞞摩肅經

《鞞摩肅經》，《中阿含》五十七卷《摩那修經》。

愛念不離經

《愛念不離經》，《中阿含》六十卷《愛生經》同本。

十支居士經

《十支居士經》，《中阿含》六十卷《八城經》同。

邪見經

《邪見經》，《中阿含》六十卷《見經》同。

箭經

《箭經》，《中阿含》六十卷《箭喻經》同。

普法義經

《普法義經》，一卷。

廣義法門經

《廣義法門經》。二經，出《阿含經》中。

戒德香經

《戒德香經》，《增一阿含》十三卷《地主品》同。

四人出現世間經

《四人出現世間經》，一卷。

匿王士坌身經

《匿王士坌身經》。二經，《增一阿含》十八卷《四意斷經》同本。

須摩提女經

《須摩提女經》，《增一阿含》二十二卷《須陀品》同。

避死經

《避死經》，《增一阿含》二十三卷《增上品》同本。

五福報經

《五福報經》，《增一阿含》二十四卷《善聚品》同。

頻婆王詣佛經

《頻婆王詣佛經》，《增一阿含》二十六卷《等見品》同。

長者子六過出家經

《長者子六過出家經》，《增一阿含》二十七卷《善聚品》同。

鴦崛摩經

《鴦崛摩經》，《增一阿含》三十一卷《力品》同本。

若 三十一經

鴦崛髻經

《鴦崛髻經》，前經同出。

力士移山經

《力士移山經》，一卷。

四未曾有法經

《四未曾有法經》，二經，出《增一阿含》三十六卷《八難經》同本。

舍利目連遊四衢經

《舍利目連遊四衢經》，《增一阿含》四十一卷《馬王品》同。

七佛父母姓字經

《七佛父母姓字經》，《增一阿含》四十五卷《不善品》同。

放牛經

《放牛經》，《增一阿含》四十六卷《放牛品》同。

緣起經

《緣起經》，前《放牛品》同本。

十一想思念如來經

《十一想思念如來經》，《增一阿含》四十八卷《三寶品》同。

四泥犁經

《四泥犁經》，《增一阿含·三寶品》同。

化七子經

《化七子經》，《增一阿含》四十九卷《非常品》同本。

大愛道涅槃經

《大愛道涅槃經》，一卷。

佛母泥洹經

《佛母泥洹經》。二經，《增一阿含》五十卷《愛道涅槃品》。

阿難同學經

《阿難同學經》，出《增一阿含經》。

五藴皆空經

《五藴皆空經》，《雜阿含》第二卷。

聖法印經

《聖法印經》，《雜阿含》第三卷。

雜阿含經

《雜阿含經》，《雜阿含·大本經》。

水沫所漂經

《水沫所漂經》，一卷。

五陰譬喻經

《五陰譬喻經》。二經同出《雜阿含》第十卷。

不自守意經

《不自守意經》，《雜阿含》十一卷中同。

滿願子經

《滿願子經》，《雜阿含》十三卷中。

轉法輪經

《轉法輪經》，一卷。

三轉法輪經

《三轉法輪經》。二經，《雜阿含》十五卷同本。

八正道經

《八正道經》，《雜阿含》三十卷中。

難提釋經

《難提釋經》，《雜阿含》三十卷。

譬人經

《譬人經》，《雜阿含》三十三卷。

相應相可經

《相應相可經》，出《雜阿含經》中同。

七處三觀經

《七處三觀經》，色諦、色習、色盡、色滅、色味、色出要、色苦，謂七也。觀色、觀五陰、觀六衰，謂三觀，可見也。

國王先尼十夢經

《國王先尼十夢經》，一卷。

舍衛國王夢十事經

《舍衛國王夢十事經》，二經，出《增一阿含》五十一卷《大愛道涅槃品》。一三瓶兩畔，氣交不入中者，豪貴相交不顧中貧也。二馬口食尻，亦食官吏，食民物也。三大樹生花，人多嗔多淫，未三十髪白也。四小樹生果，人年十五有子不羞也。五一人牽繩，人後有羊，夫出婦私通也。六狐坐金床，民有財食，居上王孫，貧者在下也。七大牛從犢子，乳母爲媒聘女也。八四牛四來鬪，帝王大乘人民各自欺慢也。九大河水中濁，四畔清，中國亂，邊國平治也。十溪水赤，則小國相戰，血流赤兆也。

治禪病秘要經

《治禪病秘要經》，二卷。

上、舍利弗問：「人有五事發狂：一因亂聲，二因惡名，三因利養，四因外風，五因内風。此事當云何治？」佛説七十二種對治法，令入水火風地四三昧。數息觀自身不浄内外諸物，及其心念亂想起處，微細觀察，除身病心病。

下、觀外境音樂歌唱一切惡相，及修一切諸三昧，其間妄起分別念慮狂亂治也。

馬有三相經

《馬有三相經》，一卷。

馬有八態經

《馬有八態經》。二經同出《雜阿含》三十三卷。然有三相者，一意自能走，二有力，三端正好色。八態者，一掣車欲走，二跳梁欲齧人，三便舉前脚，四便踏車軨，五摩車却行，六傍行邪走，七走至泥止，八欲食不食。此三相善相也，八態惡相也。譬如善人三相，惡人八態也。

思　十六經

摩登伽經

《摩登伽經》，二卷。

上、阿難持鉢，咒入淫室，隨至佛所。佛化出家，爲性比丘尼。波斯匿王及人天衆問佛以何因緣，佛説過去有王，名摩登伽。有子名師子，求婆羅門蓮花實女爲妻，意其卑賤，不與交婚。

王爲説法，無彼此人，無差別也。

下、王爲蓮花實説二十八宿遊行纏度、晝夜分秒、吉凶直日、直人生直日，修城邑出行，直日夜地動，直人病相，風雨來歷，無不詳細，歡喜成親。爾時，王者即如來也。王子師子，阿難是也。蓮花實者，舍利弗是也。女者，性比丘是也，有如是夙世夫婦緣也。

摩鄧女經

《摩鄧女經》，一卷。

摩鄧女解形中六事經

《摩鄧女解形中六事經》，一卷。

舍頭諫經

《舍頭諫經》，已上三經同前《摩登伽經》，各譯也。

鬼問目連經

《鬼問目連經》，目連遊恒河水畔，有五惡鬼來問所報苦。目連隨所作業罪答之，謂曰：「此是花報，果在地獄也。」

雜藏經

《雜藏經》，一卷。

惡鬼報應經

《惡鬼報應經》，已上三經同本。

慢法經

《慢法經》，阿難白佛：「有事佛便得福利，有事佛不得福利，云何如此？」佛言：「有事佛者，遇明師教，身心誠實，便得福利，亦當成佛。有事佛者，不遇良師，慢法破戒，不得善利，亦當墮落，以此因緣故也。」

阿難分别經

《阿難分别經》，一卷。

事佛吉凶經

《事佛吉凶經》，已上三經同本。

五母子經

《五母子經》，沙彌七歲，出家得道，自識夙命而笑曰：「而我一身，五母悲惱。爲第一母子時，鄰家亦生，生我短命。母見鄰家子，即悲惱也。爲第二母子時，天命早夭，母見上乳兒，即悲惱也。爲第三母子時，十歲即亡，母飲食憶念，即悲惱也。爲第四母子時，先死同輩娶婦，母見即悲惱也。爲第五母子時，七歲出家，我母憶念悲惱也。五母聚會，各説其子，各增哀苦。我念三界，愛網纏縛。如此生死輪迴，是故當勤精進求道也。」

沙彌羅經

《沙彌羅經》，前經同本。

玉耶經

《玉耶經》，給孤長者爲子娶婦，名玉耶，不承事夫。詣佛所，佛説女人十不善法。一初生不喜，二養視無味，三常畏人，四憂嫁，五生別離，六常畏夫，七生産難，八小父母制，九中年夫制，十老兒孫呵。聞佛所説，悉皆歡喜。

玉耶女經

《玉耶女經》，一卷。

阿遬達經

《阿遬達經》，上三經同本也。

言 九經

修行本起經

《修行本起經》，二卷，與後函《瑞應》《因果》二經同。

太子瑞應本起經

《太子瑞應本起經》，二卷。

上、佛説定光佛記在天宫，下生王宫。現瑞仙來相了，遊四門，出家苦行降魔也。

下、佛説入禪定，明星現時悟道。天王奉鉢受乳，天人來勸請説法。遂現神變，至火龍窟，降諸弟子，出家緣也。

因果經

《因果經》，四卷，前經同本。

海八德經

《海八德經》，一漸次深，二潮不失信，三不宿死尸，四具諸寶，五吞衆流，六無減，七大身衆生居，八同一味。喻比丘持戒、忍辱、禪定、修身、净意、智慧、解脱、神定，所修如海。

法海經

《法海經》，前經同本。

四十二章經

《四十二章經》，漢朝初至，説四十二法門，誡出家人。此乃佛教入中國之始也。

奈女經

《奈女經》，奈樹果中一女，七國王共諍。瓶沙王私通生子名耆域，不願爲太子，習醫道，昔日醫王妙也。

罪業地獄經

《罪業地獄經》，信相菩薩問地獄受罪苦相，佛云：「爲臣不忠，爲子不孝，出家破戒，一切因造惡。」二十種相狀所報，一一隨問答也，得不思之？

龍王兄弟經

《龍王兄弟經》，一名難頭，二名和難。起大瞋恚，目連神力化大身，達須彌。復現小身，入二龍耳鼻中，即自降之。

長者音悦經

《長者音悦經》，佛爲説四種福報，歡喜以金奉佛，并化外道。

禪秘要經

《禪秘要經》，三卷。

上、佛令弟子作不净觀、白骨觀，亦觀他身不净。白骨觀世界不净，白骨觀地水火風等諸觀法。

中、觀空、觀色、觀天、觀境，觀佛三十二相、八十種好，對治成念佛觀也。

下、觀自身我、我所，他身我、我所，觀數息，觀毛孔，觀微塵，觀漸周遍，觀所現境，觀慈心，觀定意等一切觀法也。

八師經

《八師經》，一不殺生，二不盜物，三不邪淫，四不飲酒，五不惡口，六念老，七念病苦，八念死。是謂佛説八師，作如是觀，師也。

琉璃王經

《琉璃王經》，佛説王滅釋種，皆夙世業報，王生陷地獄也。

貧老翁經

《貧老翁經》，佛説夙世爲王，慳不布施，得貧窮報。護持沙門，得長壽報。分毫不差也。

三摩竭經

《三摩竭經》，佛説難國王不信佛法，爲太子娶婦，名三摩竭。罵難國中一切民如狗畜族，外道裸形，即來問。至難國説法，化無量人天等衆也。

瓶沙王五願經

《瓶沙王五願經》，一願少年作王，二願國有佛，三願常到佛所，四願常聽佛説經，五願開悟無生。王既五願如意，因化十六國王，信佛法也。

五苦章句經

《五苦章句經》，佛説三界五道，生死不絶，有其五苦。一諸天苦，二人道苦，三畜生苦，四餓鬼苦，五地獄苦。天有三灾五衰相，餘可知也。

浄飯王經

《浄飯王經》，王將逝時，願見如來、阿難、羅云難陀等。佛以神力，同至爲王説法，王即歡喜長逝。諸弟子各欲舉棺，佛云：「恐世間有不孝子。」即自舉。

越難經

《越難經》，佛説越難長者豪富不布施，死復生爲盲貧乞兒。還本家，妻兒不識，遣出打撲，損受其苦毒痛。

所欲致患經

《所欲致患經》，佛説世間人所欲、所愛、所貪染、所聚財物、所樂者，皆致患害，是故觀無常，求道。

阿闍世王五逆經

《阿闍世王五逆經》，王煞父害母已，耆域大臣與王同至佛所，聞法已，頓悟無生也。

進學經

《進學經》，佛説有二法，一静處默定，二博學講議。復有二法，一財施，二法施。汝等比丘，當勤修習。

錫杖經

《錫杖經》，經云：三世佛共所受持，一名智杖，二名德杖。以此依倚助持，成智成德。錫者明也，杖者輕也，易持以明智慧。二鈷者，迦葉如來所制，令繫念二諦也。四鈷十二環，今日所置，令知四諦十二緣也。然有持此錫，表盡佛所修一切善法也。

佛説堅意經

《佛説堅意經》，佛説：「汝等當慈心正心，一心堅意，對治世間一切不善法，修習出世一切善法也。」

七女經

《七女經》，長者有七女，端正無比，國中人無敢説其不好。將至佛所，佛云：「不好，所言好者，不貪世間色聲香味觸爲好，此女何好也？」復説迦葉佛時，國王有七女，不著歡娱，同入尸陀林觀死尸，各各説其所以。帝釋來詣，讚言：「諸女若有所願，我當與之。」女曰：「我要無根樹子一株，二要無陰地一片，三要無音響山一座。」帝釋曰：「諸物皆有，若此三願，我即無之。」迦葉佛以天眼觀見，神力攝來，會中爲天帝言：「我此會中諸大聲聞，尚不曉此也。」佛言：「國王女如此，汝女何者好也？」

安 二經

生經

《生經》，五卷。

一、佛説，那賴仙人爲王説法，除淫欲心也。淫女夙緣見比丘分衛，不如意也。和難比丘邪業自活，我所野雞、净女、墮珠、木盂、女鼈、獼猴、五仙人等十一經，皆如來因地緣也。

二、舅甥閑居，舍利弗入滅，子命過各言志。迦旃延無常長者問事，心總持比丘咒吉祥咒。已上十經各是一因緣流通也。

三、和難持國王五人，蟲狐烏疾病裸形子腹，使弟子過命。已上八經。

四、水牛兎王無懼五百幻童毒草，鼈喻鼈王，毒喻海子，負爲牛，光華梵志毒海喻馬喻比丘尼神變，已上十四經，各一緣也。

五、梵志君臣烏王密具雜讚驢馳孔雀仙人撥劫夫婦譬喻，已上十經。

通前五卷中計五十五經，皆如來現生、過去生所作，故謂生經。

義足經

《義足經》，二卷。

上、佛説，過去貪王聞説解義，優填王須陀利梵志鏡面王，老少俱死。彌勒難，辭梵因提女異學角飛。已上十經因緣。

下、猛觀梵志、法觀兜勤蓮華色父子共會維樓勤王。已上六經。

通前兩卷中十六經，佛説此經，聞甚深妙義，悟入義趣，故名義足也。

正法念處經

定　十卷

一、《十善業道品》，佛爲人天衆説十善業所修習，如何用成就果報殊勝。

二、佛令從内心思惟，修習此十善業道也。

三、《生死品》，佛告人天衆，宜隨順正法，觀生死根本，無始輪迴，無有休息。

四、佛令内心思惟生死，觀察法行受陰地分，思量分別所作業行。

五、佛説生死如是，觀察種種行、種種色、種種心等法也。

六、《地獄品》，佛説，惡業無量，皆因於心，相續流轉。汝等比丘，隨順觀察業果報法，思惟非法善與不善，招報地獄無量苦果，觀活地獄，名不喜處衆生受苦也。

七、佛説，知業報果觀合大地獄，復有異處名爲朱誅，殺生偷盜，邪行樂行，隨入其中，受其苦報也。

八、佛告比丘，觀叫喚大地獄受苦果報，賣酒益水等惡入此地獄。

九、佛告比丘，苦報受苦，苦不可忍，皆由心造也。

十、佛告比丘，觀大叫喚地獄有異處，有金剛喙鳥，金剛爪先食罪人足上，血流自其口入，常令不死，受其苦報，前身作業相續也。

篤 十卷

正法念處經

十一、佛説，燋熱大地狱有異處，名終没，其中衆生受苦苦相也。

十二、佛説偷盜業相，自見己物被人劫奪，閻羅王使以利鐵刀斫割脈，脈皆斷，斷已復生也。

十三、佛説姦淫、邪行犯比丘尼及童子等一切惡業受苦相也。

十四、佛説衆生貪心不捨，貪火所燒，在地獄受苦無量。

十五、佛説阿鼻大地獄衆生受苦，皆是取佛財物僧物等報苦。

十六、《餓鬼品》，佛言：「餓鬼道嶮惡之業由心，貪嫉欺誑於人，貪惜積聚，衆惡所覆。不行布施，不持禁戒，不作功德，墮在其中受苦。」

十七、佛告比丘：「汝等觀諸餓鬼過去所作惡業，便受如是惡報，更無差別，由心觀也。」

十八、《畜生品》，佛言五道中畜生種類，其數最多。行食不同，群飛各異，隨所作業，生彼畜中。觀其行色狀貌，不可窮極，報也。

十九、佛言：「汝等各以天眼智慧，觀察修羅住處，一切畜類名數異狀。」

二十、佛告比丘：「汝等知業果報，觀修羅地，現有畜生所住之處。」

初 十卷

正法念處經

二十一、佛説修羅宫畜生所住報形體。

二十二、《觀天品》，佛説四天王報土業果也。

二十三、佛説四天王一切業果報相。

二十四、佛説四天王以聞慧喜樂殊勝。
二十五、佛説三十三天持戒業果受諸苦樂相。
二十六、佛説帝釋爲諸天説業果因緣，生在此中。
二十七、佛説三十三天雜殿處業因所生等相也。
二十八、佛説三十三天住嶮岸，衆生何等業果，來此中生受報。
二十九、佛説天界柔軟衆生，何業生此天。
三十、佛説天界一切有爲法從因緣生。

誠 十卷

正法念處經

三十一、佛説帝釋復示諸天布施果報，思心具足、福田具足、財物具足、功德具足等相。
三十二、佛説諸天生邪見論，身壞命終墮落地獄。
三十三、佛説帝釋告諸天子，以放逸行，不如實知，不行正法，報盡還墮也。
三十四、佛説諸天聽帝釋所説法要，各各心得清浄也。
三十五、佛説順法修行，以正直心，常樂持戒，業果清浄，生曼陀羅天中。

三十六、佛說夜摩天業果報，精進不壞光明勝妙，力命自在也。
三十七、佛令聲聞爲樂見天人說云，佛常爲一切天人說法也。
三十八、佛説始生天子在夜摩天作思惟云，彼天大勝妙樂。
三十九、佛說，積負天人何業所生？以不煞、偷、淫三法具足生此天。
四十、佛說，夜摩天王訶責已，與百千天衆，從赤優鉢羅相隨而出，向一切山峰而取快樂等相也。

美 十卷

正法念處經

四十一、佛說，天王與無量天子天女，往一切山樹地處，而取快樂。
四十二、佛說，天王天衆次第行上彼峰，無垢如鏡地處取樂。
四十三、佛說，天王若歌若舞，喜戲共受勝妙果報。
四十四、佛說，不曾布施，唯持凈戒，得生天中，唯有一種功德具足。
四十五、佛說，比丘、比丘尼有何功德？有何等行？云何持戒，求涅槃行？
四十六、佛說，比丘復念天中可愛境界，根和合生。

四十七、佛説，天王示其天衆佛塔經文，令彼天衆心純熟故，示其生死無常也。
四十八、佛説，天衆見業果報已，於彼佛塔内覓希有法，行不放逸行，覺生死。
四十九、佛説惡比丘因根境界、生死繫縛、可愛不可愛等相。
五十、佛説，持戒比丘以謟曲心説其過惡，説其破戒，説其無聞，説其行相等因緣。

慎 十卷

正法念處經

五十一、佛説夜摩廣博行天業果生此天。
五十二、佛説若心有念欲下，虚空即隨心念而下。
五十三、佛説天宮鳥形銜花，耳聽音樂，周回而行，雌雄相隨。
五十四、佛説鵝王讚彼天衆，此最放逸之處不能放逸，希有也。
五十五、佛説，如樹多根，堅牢善住，長而深入，風不能壞，王亦如是。
五十六、佛説，常樂衆生，作何業果，生此天中，見畫女説女，不起欲也。
五十七、佛説，天王知諸天衆心生厭離，復爲化現於花葉中遊戲取樂。
五十八、佛説，天王云：「汝今何故不於園林花池寶山山峰遊戲也？」

五十九、佛説，鵝王以正心念觀諸鵝衆，心受快樂，獨在一窟，思惟念法也。
六十、佛説，善時鵝王及説法鳥現前，令魔王大臣得調伏故也。

終 十卷

正法念處經

六十一、佛説，一切布施尊中聞法，最勝能斷一切憍慢，根本安樂，利益一切人天也。
六十二、佛説，孔雀王菩薩爲諸天衆説於善法，能制放逸也。
六十三、佛説，鵝王告諸天衆，常宜聽法，勿行放逸，近善友、聞正法也。
六十四、《身念處品》，佛説比丘衆説觀身法也。
六十五、佛説身念處循身循心法門。
六十六、佛説身念處有何等風住我身中也。
六十七、佛説身念處觀内身循身，何等風於身中成壞等相。
六十八、佛説身念處外身觀青水海有何等山海渚耶？以天眼見之也。
六十九、佛説觀身外十大山中有何等河池、流水、花果等相。
七十、佛説，身念處觀外身山海四大洲境界，諸天妙樂、地獄極苦、畜生餓鬼、水陸沉浮一切種類，皆從身口意三業善與不善爲本，從心所生，輪迴長劫，無有休息，宜佛正法在念，求出離解脱。

右《正法念處經》七十卷，《十善業道品》《生死品》《地獄品》《餓鬼品》《四天王天品》《三十三天夜摩天品》《身念處品》，已上計七品，其間談天獄報應，相狀微細，靡不周悉也。然皆從十善業道修習差別以成業果。若真净界中本無是事，其或正法在念，得解脱身則無可無不可。

佛本行集經

宜　十卷

《佛本行集經》，六十卷。

一、《發心供養品》，佛云：「我昔爲輪王，值釋迦佛、燃燈明佛等，悉皆乘事供養也。」

二、佛言：「我昔爲輪王，見普賢如來、月如來等佛，次第授記，我不得記。」

三、佛言：「我昔供養最上行佛、弗沙佛等佛，皆不得授記也。」

四、《決定記品》，佛言：「我昔爲儒童，以五花奉佛，布髮掩泥，即蒙授記。」

五、燃燈如來爲我説法，令我出家，記我住天宫，及供無量佛。

《賢劫王種品》，佛言，自地主王爲祖至浄飯王，計八萬四千王，皆輪王位也。
六、《上托兜率品》，佛説爲護明時，金團天子來選如來生處也。
七、《俯降王宮品》，佛現入胎一切瑞相，占夢等相。
八、《樹下誕生品》，如來右脅誕生，一切吉祥應瑞殊勝相也。
九、《從園還城品》，佛生已，王與群臣同護入城之相也。
十、《相師占相品》，王召阿私陀仙來相，説三十二相八十種好，當成無上道。仙人却問王太子胎中所現瑞相也。

佛本行集經 令 十卷

十一、《姨母養育品》《習學伎首品》，此二品説如來生育已來一切相。
十二、《遊戲觀瞻品》《捔力諍婚品》。
十三、《捔力諍婚品》，分餘相；《常飾納妃品》，儀相。
十四、《空聲勸厭品》《出逢老人品》，皆佛夙願力故現是相。
十五、《浄飯王夢品》《見病人品》《路逢死尸品》《耶輸夢品》，悉召相師占夢，皆云吉祥。

十六、《捨宫出家品》，現解脱之相。
十七、《剃髮深夜品》，去飾好之相。
十八、《車匿還宫品》，示已離俗之相。
十九、王與釋種觀髮及珠等相。
二十、王願神靈祐助我子，《觀諸異道品》《王使還品》，示苦行相也。

榮 十卷

佛本行集經

二十一、《問阿羅羅品》，學非非想定。
二十二、《羅摩子品》，學不用處定也。
二十三、《勸世利品》，示世間一切相也。
二十四、《精進苦行品》，示同外道相。
二十五、《向菩提品》，示成道相也。
二十六、示食乳糜之相，成就利益等事。
二十七、《魔怖菩薩品》，示其怕怖之相也。

二十八、婦女妖幻一切魔相。
二十九、示現異形等相，悉皆摧滅之相。
三十、《菩薩降魔品》，魔王徒衆悉皆降伏。
《成無上道品》，如來諸事已辦，示現成等正覺之相。

業 十卷

佛本行集經

三十一、《昔與魔競品》《二商奉食品》，此二品示相。
三十二、《梵天勸請品》，請佛説法相。
三十三、《轉法輪品》，十二行相門也。
三十四、《耶輸因緣品》，夙世所修因。
三十五、善覺長者因緣相分，前世所作。
三十六、耶輸夙世同佛所修善業。
三十七、《富樓那出家品》因緣。
三十八、《那羅陀毗耶二出家品》及龍王因緣。

三十九、《婆羅耶出家品》《教化兵將品》。
四十、《迦葉三兄弟品》，佛往火龍窟化之出家修道也。

所 十卷

佛本行集經

四十一、如來化迦葉火堂之相也。
四十二、迦葉漸次至如來所之相。
四十三、《優婆那斯品》，國王大臣相。
四十四、《布施竹園品》，至象頭山相。
四十五、《大迦葉因緣品》，夙世出家等相。
四十六、迦葉行道見蛇，拈金色比丘尼手因緣相。
四十七、《舍利弗目連因緣品》，出家也。
四十八、舍利弗及目連夙世所修及出家得道也。
四十九、《五百比丘因緣品》，皆出家得道果。
五十、《説法儀式品》，佛爲人天衆説諸法義，各有儀式相也。

基 十卷

佛本行集經

五十一、《尸棄本生品》，出家因地相也。

五十二、《優陀夷因緣品》，歸本生處一切應現相也。

五十三、優陀夷養育之相因緣。

五十四、優波離夙世所修習之相。

五十五、優波離夙世所修習之相。

五十六、《羅睺羅》《難陀》二品，出家因緣也。

五十七、婆提利迦等出家因緣相。

五十八、婆提利迦等夙世所修習善根。

五十九、婆提利迦等同詣如來聞法等相。

六十、摩尼、婁陀、阿難等因緣，皆夙世共所修習，令出家也。

右《佛本行集經》六十卷，計六十品，隨笈多所譯也。其間演如來因中歷事，諸佛授記，天上下生，王宫受樂，出家苦行，降魔成道，轉妙法輪，度諸弟子，各各夙世緣起。然諸經諸論皆有此

緣，唯此廣談行相詳備。故今止標品目，以照前後經論中所指也。

籍 三經

本事經

一、《法品》，佛說，一無明，一繫縛，一劫，一污染，一心意，一不善，一僧和，皆一法所弊所明，以成善惡、招果報也。

二、佛說，一貪一嗔，一癡一惱，一忿一恨，一嫉一慳，一耽一慢，一嗜一害等法，皆是惡業，生死輪迴根本，除去即成道也。

三、《二法品》，佛說，有二法，謂心意、業果，皆由二法造作種種善與不善，不成利益。

四、佛說，減省睡眠，勤念正知，内心修静，勤集善法，聽說静慮，尋求非聖慚愧等一二法，令比丘修習也。

五、佛說，財施、法施，則祠祀法。祠祀法言，宴安思擇力、修習力，所緣行相、作意行相，業壽調伏死、不調伏死等，皆二法門。

六、《三法品》，佛說，無明未斷，愛未棄，業未息，食欲耽著，受用三天三惡，比丘三增上、三學、三圓滿，所謂戒定慧也，善惡對治。

七、佛説，一等子，二勝子，三劣子。一重正法，二樂正法，三欣正法。一親里尋思，二利養尋思，三妬勝尋思。已次一一三法，佛慈悲隨宜。

興起行經

《興起行經》，二卷。

上、孫陀羅闍毗跋頭痛、骨節痛、背痛，木槍刺脚，此六因緣法。

下、調達擲石，婆羅門女謗佛食馬麥，佛説此十種緣，皆夙世所造，定業不逃其報也。

業報差別經

《業報差別經》，佛爲首迦長者説業報各有差別，由其善惡業依止，隨自業轉，或得長命，或短命，或有病無病，或好或醜，或有勢力，或無勢力，或上族，或下族，或正智，或邪智，或畜生，或餓鬼，或地獄，或生天，或邊地，或苦樂煩惱，皆由修習善惡業報也。

甚 二十二經

大安般守意經

《大安般守意經》，二卷。

上、佛說，一彈指間，人心九百六十轉。一日一夕，十二億意。意有一身心，自不知於是大安般守意也。安爲身，般爲息，守意爲道也。安爲數，般爲相，守意爲止，或清淨無爲也。

下、佛說，出息入息，自覺覺知，知長知短，知粗知細，知遲知疾。以此安般守意，修成四禪、八定、根力、覺道，一切佛道所修妙法也。

陰入持經

《陰入持經》，二卷，安世高譯也。普見菩薩示現，爲安息國王太子，避位爲僧，傳法來此土。然此經與前《大安般守意經》義意略同。但此分別五陰、六入、十二處行相及有注義等因緣。

駡意經

《駡意經》，佛説，此意作業，皆由不知慚不知愧，不知羞耻，任意作惡。今駡之，令習道業，不令習淫泆，作畜生入地獄。若能轉諸惡業，成其善業，佛道可期。

分別善惡所起經

《分別善惡所起經》，佛説，生死之類，善惡所起，有五道人，能作是業。天、人、畜生、餓鬼、地獄，皆由心造。五不善十惡業，隨此五處，隨業受報，無有休息。

處處經

《處處經》，佛説，道人行道，若貪嗔等念起，即當制之，制已生善念。不得食肉，我爲不食，故得三十二相八十種好。一自知令他知，二教人無厭，三心無所藏，四爲人説法。以此四事，行菩薩行，成佛也。

猘狗經

《猘狗經》，佛説，過去佛時，有猘狗嚙主人，佛呼之，狗即喜也。今墮地獄，我滅後方出得人身。以嚙主人故墮地獄，佛呼喜故得人身。佛言，佛法中弟子多有如是，從師學戒、學定、學慧了，却不敬師，自云我是，亦如猘狗嚙主人也。

分別經

《分別經》，佛言，人有六惡，眼爲色欺，耳爲聲欺，鼻爲香欺，舌爲味欺，身爲細滑欺，意爲邪念欺。由此入於地獄也。

八關齋經

《八關齋經》，佛説，不煞、不盜、不淫、不妄、不酒，不坐高床，不習歌舞，不著香薰文飾衣，是爲八也。

阿鳩留經

《阿鳩留經》，佛説，長者阿鳩留出商，失道遇樹下人説夙因，乃歸家布施，信有後世，得天福報。

孝子經

《孝子經》，佛告比丘，人生皆親所生所養，宜念報深恩。若父母作惡，勸不爲惡。若爲善，宜進之。若不如此，非爲孝子也。

禪行法想經

《禪行法想經》，佛言，彈指間思惟死想，念有身皆死，是爲精進行禪，何况多行也，不净想、苦想、無常想等也。

懊惱三處經

《懊惱三處經》，長者子死，佛説，此子從忉利天死來生，今死去生龍中，爲金翅所食，三處皆悲惱也。

犍陀王經

《犍陀王經》，佛説，犍陀國王本不信佛法，稻主打折牛角，牛訴於王，王詣佛所問其所以。因聞佛法得須陀含果，過去曾持一日齋。

須摩提長者經

《須摩提長者經》，長者喪子悲惱，佛爲説生老病死無常苦空生滅法門，聞已悟子死生。

出家功德經

《出家功德經》，佛説，自出家，受人出家，勸人出家，所得功德勝布施等一切功德，以諸功德中此功德爲上也。

阿含正行經

《阿含正行經》，佛説，五陰爲賊，牽人入惡道中。乃分别六根十二緣，皆無明生死爲本根。

十八泥犁經

《十八泥犁經》，佛説十八泥犁地獄中，罪人受苦壽命劫數相狀，皆從十不善業，心所造起也。

法受塵經

《法受塵經》，佛言，凡人一法受塵，自污迷惑，愁憂没無邊際，不得無上道也。所爲丈夫見女色，爲貪爲污。

阿難四事經

《阿難四事經》，佛告阿難，説四事。一慈心行，二濟貧窮，三救苦難，四修行求道。復廣説其行相也。

四不如願經

《四不如願經》，佛告純陀長者云，一願身常安却病，不如願也。二願官爵財寶，不如願也。

三願父母妻兒在，不如願也。四願天下人任意五欲求樂，墮惡道，不如願也。

梵志黑氏經

《梵志黑氏經》，佛説，梵志得四禪定，具五神通，善能説法。閻羅王來聽法，不覺啼泣。梵志云："仁者何悲？"王曰："仁者善能説義如此，爭奈七日後捨命，來生我界。"志曰："我得四禪定。"王曰："亦不能免惡業。"志曰："如何可免？"王曰："可問佛。"梵志即兩手持梧桐花上佛，佛云："放下著。"乃放一手花。佛復云："放下著。"乃放一手中花。佛復云："放下著。"梵志云："我兩手俱放下，更令我放下什麼？"佛云："令汝放下中間底。"梵志即悟無生法忍，免業。

無　三十經

阿難七夢經

《阿難七夢經》，一陂池波起，二日月星没，三比丘墮不浄處，四豬觸栴檀林，五頭戴須彌，六大象棄小象，七師子死，頭上毫毛在地。佛即解之，今已見是事也。

阿那鋡經

《阿那鋡經》，佛說，呵鵰阿那鋡常行我所，說四法：一布施，二說善法，三給足同學，四不計同學所用。所得福德，勝四天王也。

燈指因緣經

《燈指因緣經》，佛說，長者家生一子，指上光出，因立名燈指。乃說過去所作，因緣所招也。

祇耶經

《祇耶經》，佛爲祇耶說凈戒相，即志受持，便得道迹也。

正見經

《正見經》，佛爲正見比丘說因緣法，如一小核，種成大樹，雖枝葉萬狀，不離當時一小核，爲根本也。今世後世，識亦如是耳。

弟子死復生經

《弟子死復生經》，佛説，優婆塞奉戒死，經七日復生，説見閻王地獄中受罪人受苦相狀。

懈怠耕者經

《懈怠耕者經》，一耕者見佛行過，心雖喜，不去禮。佛乃云：「田耕未竟，種又未下。若要見佛，須待閑暇。佛即難值，懈怠如此。」佛説已過六佛，不得度者，謂此非今世也。

佛大僧大經

《佛大僧大經》，佛説，長者有二子，一名佛大，一名僧大。佛大在家，僧大出家。欲姦其婦，令賊去山中殺，僧大已得羅漢果，佛大即生入地獄也。

五百弟子自説本起經

《五百弟子自説本起經》，迦葉、舍利弗等各説偈，明本因所修所種善根。

五恐怖世經

《五恐怖世經》，佛誡諸比丘，有五法恐怖後世。一無戒，二有戒破戒，三無慧，四不求明師，五不知因緣。此五法可恐畏後世苦果業報。

罪福報應經

《罪福報應經》，佛説，觀人意行相狀，即知來處。富貴布施中來，端正忍辱中來，嗔毒蛇中來，佷虎狼中來，餘可知。

佛爲年少比丘説正事經

《佛爲年少比丘説正事經》，佛教誡諸比丘，令行正事。比丘即禮上座足，次第攝受諸宿德，一一如佛教指教授年少比丘。

沙曷比丘功德經

《沙曷比丘功德經》，佛令往須耶國降毒龍，飲酒醉卧樹下，佛即笑之。諸弟子問：「既得羅漢果，因何醉酒？」佛説：「其功德，酒不能醉。」聞者歡喜奉行。

無垢優婆夷經

《無垢優婆夷經》，佛爲説掃佛塔地五種功德，一自心清浄，二爲他所愛，三天心歡喜，四集端正業，五命終生天。以此五利益也。

婦人遇辜經

《婦人遇辜經》，佛説，一女人與夫并二男，中路毒蛇螫牛，夫救俱死，婦將二子走，大兒狼食，小兒落水。過父母家，火燒盡。夫家賊劫，并無歸處。狂走，見佛心定，佛爲説夙世所作因緣。

四天王經

《四天王經》，佛説，每月有十日巡察閻浮，若見修十善浄業，善簿録之奏帝釋。作不善，惡簿録也。

度貧母經

《度貧母經》，佛説，貧窮老母，迦葉往度，施臭米汁，即爲現神變。食已，命終生天也。

十二品生死經

《十二品生死經》，一無餘死羅漢果也，二度於死不還果也，三有餘死往還果也，四學度死須陀含果也，五無欺死八等人也，六歡喜死行一心也，七數數死惡賊也，八悔死凡夫也，九横死獨孤苦也，十縛著死畜生也，十一燒爛死地獄也，十二饑渴死餓鬼也。佛如是説耳。

末羅王經

《末羅王經》，佛説，國中有大石，當道歷年。用工掘，不能動，人民疲乏。佛化爲小僧往，將指挑去。衆問：「有何等力，能除此石？」佛云：「我有四力，一精進力，二忍辱力，三布施力，四父母力。」王及國人皆大歡喜。

摩達國王經

《摩達國王經》，佛説，王令比丘養馬，王出征，比丘得果，即現神變，説其夙緣。王即悔過，皈依三寶，得須陀含果。

旃陀越國王經

《旃陀越國王經》，佛説，王聽外道言，將小夫人，埋却腹中兒活。佛往度爲比丘，名須陀，得道往化父王，同至佛所，佛説夙因及今報也。

忠心經

《忠心經》，佛説，邊有大國，不聞佛法。令目連往現神力，國王、大臣、梵志、人民，悉生皈敬，同至佛所，为说五陰、十二因緣。

五無變復經

《五無變復經》，佛説，梵志見耕田者，兒遭蛇螫死，父亦不顧去報其母，亦不憶説向其姊。

亦説譬喻言，與其婦喻如宿鳥。報其奴，亦喻如犢子。五人俱了生死，梵志詣問佛，佛即爲説生死本空。奉行也。

時非時經

《時非時經》，佛爲比丘説十二月分、四季中時、非時，令悟光陰達無常理。

羅雲忍辱經

《羅雲忍辱經》，佛説，羅雲持鉢，被惡心者打頭流血。舍利弗云：「佛弟子不得起毒心，當生慈念。」羅雲報云：「我以忍辱爲寶也。」

辯意長者經

《辯意長者經》，長者至佛所，問罪福因緣，佛一一答之。作善善來，作惡惡來，隨所作業。

自愛經

《自愛經》，佛爲國王説自愛法門，一切人民皆云自愛。若行三皈，即自愛也。若持五戒，即自愛也。但行一切善法，皆自愛也。

大迦葉本經

《大迦葉本經》，佛告迦葉云：「出家與比丘持浄梵行，以制心修行爲本。若不如是，不成道業，枉受輪迴也。」

四自侵經

《四自侵經》，佛言，夙夜不學，老不止淫，得財不施，不受佛言，是四出心，還自侵身。愚人不了，智者知焉。

大魚事經

《大魚事經》，佛説，小魚不受大魚教，悉遭網捕之。比丘不受宿德教，即墮地獄。

竟 三十經

僧護因緣經

《僧護因緣經》，佛爲龍比丘説法，五百商人入海請僧護。同去至海畔，見諸地獄餓鬼受苦報，一一問，一一答，皆是比丘寺舍，及爲龍王説法。

鬼子母經

《鬼子母經》，佛神力取其兒，愛奴來佛所，母即至，佛爲説法，起悲心，誓不食人世人子也。

無常經

《無常經》，佛説，世間有三法，是不可愛、不可念，即自至也，所謂老、病、死也。凡夫愚迷，不修梵行，不能逃也。

八無暇有暇經

《八無暇有暇經》，佛説，地獄、餓鬼、畜生，長壽天、邊地、盲聾、邪見、不受，後有此八種人，雖如來出世説法，他無暇修習聖行。反是，成八有暇修習聖行也。

新歲經

《新歲經》，佛説，受斯新歲，汝等比丘當大衆前，各自陳白身口意業所造善與不善，發露懺悔罪也。

九横經

《九横經》，一不應飦飦，二不量飦，三不習飦，四不出生，五生熟，六不持戒，七近惡知識，八入里不時，九可避不避。佛説如是。

譬喻經

《譬喻經》，佛爲勝光説喻。昔有人在野，被象所逐。見一空井，傍有樹。尋根下井潛身。

黑白二鼠，牙囓樹根。井四畔四毒蛇，欲螫其人。下有毒龍，恐樹根斷，蜂蜜五滴墮口。樹摇蜂散，下螫斯人，野火復來燒樹。人喻生，曠野喻無明，象喻無常，井喻生死，樹根喻命，黑白鼠喻晝夜，囓根喻念念滅，四蛇喻四大，蜜喻五欲，蜂喻邪思，火喻老病，龍喻死。王聞佛説，悟生死無常老病也。

禪行三十七品經

《禪行三十七品經》，佛説四念處、四正斷、四如意、五根、五力、七覺支、八正道，及分別行相也。

比丘避女惡名欲自殺經

《比丘避女惡名欲自殺經》，佛説，有一比丘，在林中與女人習近，惡聲遠聞，欲自殺身。天人化爲女人來爲説法，得羅漢果也。

比丘聽施經

《比丘聽施經》，此比丘多著睡眠，不習經法，不能堅持净戒。佛爲説法開悟，即得道迹也。

父母恩難報經

《父母恩難報經》，佛言，假使左肩擔父，右肩擔母，遶須彌山，經百千劫，亦不能報父母恩，以此知恩重也。

頞多和多耆經

《頞多和多耆經》，佛説《頞多和多經》，其中布施十種功德，愚癡人不知是事，不能成人天勝妙事。

梵摩難國王經

《梵摩難國王經》，王子出家，王每供養比丘，於中偏其子。佛爲説平等法，子爲現神力，王即開悟。

群牛喻經

《群牛喻經》，佛説，有群牛性調良，有一驢入群中，學牛作聲，稱「我是牛」，群牛踏殺而去。

喻不持戒比丘入持戒比丘中也。

無上處經

《無上處經》，佛言：「佛無上處、法無上處、僧無上處，汝等須知是處。」

身觀經

《身觀經》，佛令自一身作觀想境，了生死苦也。

孫陀耶致經

《孫陀耶致經》，佛説，此梵志飡果飲水，不受人施，自謂所行勝沙門行。佛爲説法，即於佛法中，悟解正知正見也。

普達王經

《普達王經》，佛説，王每見沙門道人，即頂禮。大臣諫王，令採一切畜生頭及死頭，却令出賣，唯人頭無人買。王曰：「不須諫也。」

滅度葬送經

《滅度葬送經》，佛將滅度，阿難問葬送法。佛云：「如飛行皇帝法。」即轉輪王也。及説棺槨造塔等一切儀則事也。

出家功德經

《出家功德經》，佛説，國王子七日當命終，爲貪五欲，須墮地獄，令阿難去化出家。王子曰：「更五欲樂六日至七日，當詣佛所。」如期至佛所出家，受戒已，命終即生天上因緣。

五福德經

《五福德經》，一長壽，二財食足，三端正，四名譽遠聞，五聰明大智。佛言皆所修也。

天請問經

《天請問經》，有一天人，至佛所以偈問佛，佛以十偈答之，其義味妙也。

護净經

《護净經》，佛説，衆僧食須得净如法，莫令不净也。河中虫食不净，皆前世奉僧衆食不净報也。

略教誡經

《略教誡經》，佛誡比丘莫起貪心，當行慈忍，堅持净戒，不求名聞，常行頭陀也。

盧至長者經

《盧至長者經》，佛説，長者家中大富慳悋，不使因節會時。將五錢買少物，去塚間自樂。帝釋化形如長者相，至家中開庫藏，與妻兒共樂，眷屬大喜。長者至家，俱不相認。相狀一同，更無分辨。至於親里，亦不能識認。同詣佛所，帝釋復形，長者即出家修道。

五國王經

《五國王經》，佛説，有五國王共相親厚，一王正見，四王邪見。各言其志，四王聞一王所説，同詣佛所聞法，各悟妙法也。

木槵子經

《木槵子經》，佛爲國王説法，將木槵子一百八數手中，常轉佛號，繁務中利益也。

療痔病經

《療痔病經》，佛爲患一切痔人，説秘密神咒。

檀樹經

《檀樹經》，佛説，有人失道，遇一大樹，依止三月，樹神供養。將還家，乃問樹神：「此何樹也？」曰：「旃檀樹也。」後國王女病，欲得旃樹香合藥。其人慕賞，引使至，連根皆伐。樹神令殺，此人以血塗之，此香樹再生也。

長爪梵志經

《長爪梵志經》，來至佛所問：「沙門習何法，而能殊勝如此？」佛云：「持不殺、不盜、不淫、不酒、不妄，而得如是也。」

右聲聞小乘契經，總二百四十部，計六百一十八卷，共四十八帙。多談緣起事相，然如來大慈悲心太切，苦口而爲有情説身病心病，不妨中的，故尠有受持講唱，唯經論疏鈔引據而已。且此方人機器既大，習菩薩大乘者多。故於斯聲聞小乘而罕留意，傳布不盛也。或習多聞者，亦可勉懷。

摩訶僧祇律

學 十卷

《摩訶僧祇律》，四十卷。

一、此云大衆部也，佛滅後集結爲正律制也。舍利弗請佛制戒比丘，以防未來衆。云未有所犯，何故立制？佛説，過去王名曰名稱，大臣名陶利，請王作制人民。今國中豐樂，恐將放逸作過。王從其謀。佛云：「爾時王者即我是，陶利者舍利弗是。非謂今世如此，前世亦然。」於是漸有犯戒，一一白佛立制爲法也。

二、佛制犯瓦女等，皆波羅夷罪犯也。

三、佛説，瓶沙王七驅賊出境，復來。敕令截指，，復令莫截。大臣云：「已截也。」王愁惱，詣白佛。佛告衆云：「王畏罪，無罪也。」

四、佛説，一比丘病久，瞻侍比丘厭之欲去。病者云：「汝可殺我。」即殺之。白佛由此制戒，比丘不可斷人命，制比丘看病宜生護養心等緣也。

五、佛制比丘，持鉢不攝諸根。見女人，起欲想，不止成病，遂説五事法：一恐著有爲，二恐著俗論，三恐著睡眠，四看病僧，五令年少比丘見佛也。

六、佛制迦羅比丘，爲作媒聘，佛因制一切戒等也。

七、六群比丘起無根謗，以風吹尼衣，落比丘膝上便爲實罪，佛因制戒，不得妄也。

八、長老難陀、優波難陀遊聚落，得衣物以車載歸。佛因制比丘，不得多求利也。

九、優陀夷令大愛道尼浣衣，佛因制戒比丘，不得使浄行尼浣衣，恐妨行道，皆浣衣緣也。

十、佛制比丘衆，不得畜用金銀等寶，國王、大臣、婆羅門、人民聞之，皆大歡喜。

優　十卷

摩訶僧祇律

十一、外道來見比丘房，向火乃作念云：「沙門有如是樂。」乃投出家，及令供給，乃云：

「我不能婢作。」脱僧衣而去，佛因制戒。

十二、尸利耶婆起妄語罪，佛制比丘不得妄語戒。

十三、迦盧比丘在三昧定中，淫女被賊，逃來牀下。定中不知不覺，天曉既出，人見成謗。佛因制戒比丘等緣。

十四、比丘中赴檀那家，坐有問坐高下有戲言，佛因制戒比丘衆也。

十五、六群比丘入諸房宿，不守威儀，諸比丘各自去，不共一處。佛因制戒顯六群比丘一切過惡也。

十六、比丘過檀越家，一食處住多日，佛因制戒比丘，不得過食緣。

十七、比丘非時乞食，人所識之，佛因制戒比丘一食緣也。

十八、佛制梵行比丘，不得與惡事非法比丘，同法食也。

十九、兄弟比丘同入聚落，乃云：「我若作威儀非法，汝爲覆藏，佛因制戒，不得如是也。」

二十、摩訶男施僧藥，六群比丘前去索，未曾有藥，故惱之。佛制不得起意惱施主也。

得度也。

登　十卷

摩訶僧祇律

二十一、六群比丘謗陀驃比丘，佛呼來問實爾不，乃立戒比丘不得遞相毁謗也。
二十二、六群比丘在長者家交脚坐，人見譏嫌，佛因立戒禁之。
二十三、如來成道五年，比丘悉清浄具足，善來具足，十衆具足，處處度人，隨事立木叉戒。
二十四、比丘私度王臣出家，官中治罪，頻婆羅王見放奪治罪，官祿許度僧，佛因制不聽不得度也。
二十五、吒利比丘謗契經，説障道法，佛因制比丘未解深義不得起謗心也。
二十六、比丘作本罪覆藏罪，佛因比丘戒，宜陳露悔過也。
二十七、瞻波比丘諍訟，相言不和合住。佛令優波離羯磨，而立制戒也。
二十八、睒彌國王夫人，以五百白氎上佛，佛令阿難散於僧衆，因制受長衣也。
二十九、比丘將衣鉢聚坐，俟師來至，佛因制令捨離依止也。
三十、畢陵伽婆蹉比丘日日度恒河水去，持鉢每至，呼河神住流。過後呼首陀羅流，河神苦之，即往投佛。佛呼問實爾，因集衆立戒，比丘呼名亦須善巧方便。梵云首陀羅，此云婢也。

仕 十卷

摩訶僧祇律

三十一、比丘内宿内煮，廚下惡水流出，人見生嫌，曰比丘住處有如是惡水。佛因立制置内淨廚。

三十二、六群比丘同食，人賤曰：「沙門淫逸食。」佛呼來問，因立戒比丘不得共食。

三十三、七百集法藏者，佛滅後比丘哀聲云：「世尊在日，前食後食，衣服具足。佛滅後，我等如孤兒。」耶舍呼來問，因依法立戒。

三十四、威儀十七事，初上座法第一，乃布薩也，佛在舍衛作制。

三十五、比丘著多羅履在坐禪，比丘前行，心不得定，佛因立戒制。

三十六、佛許信心比丘尼，聞比丘四重墮罪戒等法，大愛道啓情也。

三十七、佛制，不聽於漏心男子邊，取衣鉢飲食湯藥等緣。

三十八、父母在佛法中出家，見在外道中，盛寒至母處裸形，母脱新鬱多羅與之，即被入酒店。人見云，此邪見噉酒糟驢，佛因立戒制。

三十九、有比丘尼曾因嫁歷苦事，出家有黠慧，大愛道問已嫁女出家，得受具足戒不，佛因説戒制之。

四十、比丘尼安居僧將竟，即出遊行，因白佛，佛因立戒。已次廣有因緣。

十誦律

攝　十卷

《十誦律》，六十卷。

一、梵云薩婆多，此云十誦也。以初誦、二誦乃至十也。須那提比丘出家，母引令續種。佛因制戒，説十事利益。一攝取僧故，二令僧歡喜故，三令樂住故，四降伏破戒故，五慚者得安故，六不信令信故，七已信增長故，八斷現世有漏故，九斷未來有漏故，十令梵行得久住世故。以此十事，餘義可知也。

二、佛制比丘，修不净觀必獲大果大利。各各依佛所訓。

三、迦留陀有別房，安好牀褥，佛因制戒。

四、比丘闡那多與國王大臣相識，倚以伐樹造房，外道謗起，佛因立戒制之也。

五、六群比丘多畜衣物，一切處著異衣改換，佛因立戒制伏之。

六、蓮花色比丘尼林中禪定，遇賊恭敬，得好衣。六群比丘乞，佛立戒制。

七、佛在毗舍國，彼土少綿，比丘多乞衣、乞綿、乞絲務多，佛因戒制。

八、比丘同一估客行，見好瓦鉢，心起貪著，買與之，佛因戒制。

九、佛在南天竺，有大論師，以銅鍱鍱腹，上然火，入法會中。比丘問故，云：「我智慧多，恐裂破腹，火即照暗也。」比丘云：「日照天下，汝何言暗也？」佛言：「人無智慧，謂之暗也。」因立戒比丘衆不得自炫，宜晦默也。

十、佛在維耶國，遇荒年，乞食難得。制令比丘衆各自散乞，或還鄉里，或入聚落。

職 十卷

十誦律

十一、因二客比丘暮來，與一床、一房、一草，敷去不拈起，虫入食之，長者入寺施食見之，佛因戒制之。

十二、六群比丘與比丘尼同船，調笑作不净業，佛因立戒之。

十三、比丘相引至施主家，乞食無厭，長者生惱，佛因集僧立戒。

十四、闡那比丘用有虫水，諸比丘言，答云：「我用水不用虫。」佛因立戒。

十五、難陀引弟子入聚落乞食，不與食，爲謗兄故，佛因立戒之。

十六、瓶沙王以浴池容比丘洗浴，數數往不止，妨王洗浴，佛因立戒。

十七、六群比丘嗔罵施藥人，佛因立戒比丘不得惱人也。

十八、波斯匿王日日至佛所聽法，見一人不起，王便生嗔。佛云：「吾不爲二心人説法。」

十九、華色比丘尼乞食，分與衆比丘尼，飢倒，佛因立戒，宜各知量。

二十、六群比丘每隨波斯匿王，或前或後，爲王説法，言色無常，受想行識無常。見佛常如是説，佛因集衆立戒，比丘不得如是。

從　十卷

十誦律

二十一、佛在王舍城，未聽比丘作和尚阿闍梨，以袈裟未有制衣，未有法，未有看病者，乃漸次立戒。

二十二、佛制布薩羯磨等戒，令比丘衆依而誦習也。

二十三、佛制比丘，安居自恣戒法，令獨處一床，不相問訊，省緣修道。

二十四、佛制比丘，不得踐生草，恐奪虫命，各行頭陀法。

二十五、長者子入海遇鬼，曾受迦旃延教，佛法不能爲害也。

二十六、比丘瘦少色力，以病故，佛因立制醫藥法利益病者。

二十七、佛身冷濕，阿難知已，往白與耆婆，耆婆乃云：「佛身尊貴，不進粗藥。」

二十八、佛制比丘，安居受衣，宜如法受，立戒。

二十九、比丘受迦絺那衣，有故衣新衣，而得受不？佛因集衆立戒。

三十、佛在迦彌國，有一比丘知犯悔過，所作罪衆比丘憐憫故。白佛集僧衆，令於衆前陳露懺悔，重爲羯磨也。

政 十卷

十誦律

三十一、那般茶盧伽二比丘，喜鬪諍相言，共諸比丘鬪諍已，各執其事，相助者取勝，佛因集衆立戒。

三十二、比丘出精，犯僧伽婆尸沙罪，不覆藏，佛令爲羯磨也。

三十三、六群比丘犯罪，同相似，同未浄，同未脱，同未起，同出果，佛因立戒。

三十四、諸比丘互相輕慢，無恭敬行，以是因緣，佛呼來立制爲戒。

三十五、佛會中四衆，各各惡言相諍，佛即集衆，爲立制戒。
三十六、調達於佛法中，生敬信心，清净乘善象出家作比丘。
三十七、調達非法説法，法説非法，非善説善，非犯説犯，佛因集衆立戒也。
三十八、菩伽王子請佛入新造鳩摩羅堂，求大利益。
三十九、佛爲比丘説五陰法，有大牛來觸鉢，多有心亂。佛云：「魔來也，各宜覺知也。」
四十、婆羅門女妙光，及比丘患癰，有八法因緣，佛爲一一立禁戒制之。

存 十卷

十誦律

四十一、有比丘不失男相而得女根，有比丘尼不失女相而得男根，佛令滅擯。復因迦沙比丘尼立戒也。
四十二、比丘尼於男女起欲心，男子亦如是，不已成病，佛因爲立戒之。
四十三、須那比丘尼度賊女出家，國王大臣不聽，佛因立戒制之。
四十四、比丘尼行乞，欲爲多人造房舍，飢年自活，佛因立戒。
四十五、波斯匿王出軍，遇比丘尼，剝脱衣服，王不爲理，佛制猥處宜避。

四十六、助調達比丘尼常出入長者家，長者婦云：「度我出家。」尼云：「與我衣。」即度，報云：「客作度耶？」

四十七、比丘尼死，衆比丘尼立塔。有比丘至云：「凡大不當造。」即壞其塔，佛因立戒之。

四十八、優波離云：「若男作女相、女衣，女作男相、男衣，得戒不？」佛立戒不許也。

四十九、佛説：「無根謗、妄語、邪見，此三決定入地獄。」佛爲立戒制。

五十、佛云：「不群黨，不惱，不亂，讀誦修多羅，説戒，此五事增長人天衆。」

以十卷

十誦律

五十一、意説佛過、法過、僧過、戒過，作非律儀此五事法，已下皆五事法也，佛皆立戒也。

五十二、優波離問一一處行淫罪，佛一一立戒制。

五十三、優波離問有犯淫、犯盗二不定罪，佛説犯過立戒也。

五十四、一和尚，二衆僧，三求受戒人，四羯磨，佛立此白四法戒也。

五十五、優波離問：「若有比丘出精，是罪不覆藏？」佛答立戒。

五十六、佛爲比丘説十種，明具足戒，自然無師得道，自誓。

五十七、佛戒，若僧唱時，打犍稚時，須疾到坐。坐已，依次第坐，不得失威儀也。

五十八、比丘衆相言，作賊去來有至中途悔心，佛因立戒。

五十九、父子爲比丘宿空處，虎來齩，父比丘死，子疑，來白佛，佛因立戒。

六十、佛滅時，有婆羅門梵志，手執白花，迦葉問云：「何處將來？」報云：「如來拘尸城外入滅，我從彼將來。」迦葉聞已，愁惱無量也。

一切有部毗奈耶

甘 十卷

《一切有部毗奈耶》，五十卷。

一、梵云毗奈耶，此云調伏也。如來成道十二年，弟子未有過失。略説解脱戒，如偈云：「一切惡莫作，一切善應修。遍調於息，是名諸佛教。」自後年漸深，比丘作一切有犯戒律罪也。佛即集衆，因所犯立戒制，《不净行學處》第一分中。

二、不净行學處，難陀孫陀羅出家，及未出家淫女賢首緣。

三、不與取學處，不與取而取，比丘於戒中犯盜罪，佛立戒也。

四、比丘乞得佛法僧物，過官務不稅，悔心白佛立戒也。

五、比丘有大小鉢，佛因立戒不許。

六、斷人命學處，二比丘素相親厚，一病一侍，久之生惱，取毒藥自害。佛立戒。

七、佛制比丘，不得於病人前説無常，令他樂死。

八、作温堂，諸比丘共牽木，落打匠人頭至死，佛遂立戒也。

九、妄説自得上人法學處，因大網取摩竭大魚，佛云：「我説大教網，撈摝大心衆生等一切因緣也。」

十、如來爲説大教網，令比丘衆起種種想，苦想、樂想、無常等想也。

棠 十卷

一切有部毗奈耶

十一、泄精學處，鄔陀夷聚落不護諸根，不存正念，歸至房中，欲心不止執，生支出精，立戒也。觸女學處，鄙惡語學處，索供養學處，此四戒。

十二、媒嫁學處，造大房小房學處，此三戒法。

十三、無根謗學處，壯力主太子出家名實力等緣。

十四、謗實力比丘爲不净行，及假根謗各有緣。
十五、破僧違諫學處，隨順破僧違諫學處，汙家學處，汙家法行惡行，佛一一立戒制之。
十六、惡性違諫學處，有長衣不分別學處，各因事立戒。
十七、離三衣學處，一月衣學處，使非親尼浣故衣學處，佛各爲立戒制之。
十八、使非親尼浣故衣學處戒。
十九、從非親尼取衣學處，從非親居士乞食乞衣學處戒。
二十、過量乞衣學處，知俗人共許與衣就乞學處，別許與衣就乞學處，過量索衣學處，已上佛各因其因緣立戒，此標指，思而可見。

去 十卷

一切有部毗奈耶

二十一、用純黑羊毛作敷具，過分作敷具，作減六年敷具，作新敷具，不爲壞色。自擔羊毛，使非親尼治羊毛，捉金銀等學處，各立戒制。
二十二、出納求利，販買得長鉢，過十日分別乞鉢自乞縷，使非親族織師織作衣等學處戒法。

二十三、勸織師奪衣，急難施衣等學處戒法。

二十四、阿蘭若六夜預前求過後用雨浴衣回，衆物入已，服過七日藥等學處，謂七日内自作守持，不得食七日後食。

二十五、故妄語學處，佛因立妄言戒也。

二十六、毁呰語、離間語法，舉獨與女人説法過也。五六與與未圓具人，同句讀誦等學處戒。

二十七、向未圓具人説粗罪，實得上人法。向未圓具人説謗四衆利益，輕呵戒，壞生種等學處戒法制也。

二十八、嫌毁輕賤、違惱言教二學處戒法。

二十九、不舉敷具，不舉草敷具，强牽比丘出僧房，强惱他人等學處戒制之。

三十、故放身坐卧脱脚，牀用虫水造大寺過限不差教比丘尼等學處。

而 十卷

一切有部毗奈耶

三十一、佛告比丘，宿德者次第往教比丘尼。

三十二、衆不差輒往教授比丘尼，至暮謗他，爲飲食故教授比丘尼，與非親比丘尼衣等學處戒。

三十三、與非親比丘尼作衣，與比丘尼同道行，與比丘尼同船，與比丘尼屏處坐，知比丘尼讚歎，得飲食等學處。

三十四、展轉食學處，如來常觀六道。

三十五、施一食過受過三鉢受食等學處。

三十六、足食，勸他足食，別衆食，非時食，食曾觸食，不受食等學處戒也。

三十七、索美食受用虫水，知有食强坐，知有食家强立，與無衣外道男女食，觀軍軍中過二宿，據亂軍丘打比丘等學處戒也。

三十八、擬手向比丘，覆藏他罪，共至俗家不與食，觸火與欲已更遮等義也。

三十九、與未圓具人，同宿過二夜，不捨惡見，違諫隨捨置人，攝授惡見，不捨求著，不壞色衣等學處戒。

四十、捉寶非時洗浴，殺傍生故惱比丘，以指擊歷，水中戲女人，同室宿等戒制。

益 十卷

一切有部毗奈耶

四十一、恐怖比丘藏比丘衣鉢，受他寄衣，不問主，以衆教罪清净。比丘與女人同道行，與賊同行，與減年者受近，圓壞生地，過四月索食遮無教等學處戒。

四十二、不與欲默然起去，不恭敬飲酒，非時入聚落，不囑比丘等學處戒法。

四十三、食前食後，行詣餘家，不囑比丘等學處。

四十四、入王宫門學處戒法。

四十五、入王宫三長者緣。

四十六、入王宫門勝音王緣。

四十七、入王宫門大將士因緣也。

四十八、入王宫門馬王等緣。

四十九、詐言不知，作針筒，作過量牀，用草木綿，貯牀過量作尼師壇但那，作覆瘡衣，作雨浴衣，同佛衣量作衣，從非親尼授食，尼指授食等學處，一切戒制法等也。

五十、學家授食，阿蘭若住處外受食。

已上計五十卷，其間成法，佛欲令比丘比丘尼，依如是學戒，出家細行，乃戒律中微妙也。

苾芻尼毗奈耶

詠 十卷

《苾芻尼毗奈耶》，二十卷。

一、不浄行學處，迦葉夫婦出家也。

二、迦葉出家餘分。

三、不與取學處戒。

四、斷人命妄説自得上人法戒制。

五、摩觸八事成犯，覆藏他罪，被舉人媒嫁，無根謗，假根謗，共染心男子交易等學處。

六、自言無過無過，獨向俗家宿，獨在道行，獨渡河度他婦女，索亡人物，輒作解舉，不捨惡見等學處戒法。

七、污家惡性違諫等學處戒法也。

八、一月衣與非親比丘浣故衣等學處戒。

九、從非親比丘取衣等戒也。

十、捉寶出納求利販賣，乞鉢自乞縷，使非親織師織衣等戒也。

樂 十卷

苾芻尼毗奈耶

十一、不著五衣，非時捨衣等戒。

十二、毀呰語、離間語發學等學處，一切戒制也。

十三、壞生種嫌毀輕賤等戒法。

十四、别衆食非食食等一切戒法也。

十五、與欲更遮與未圓具人同宿二夜也。

十六、與賊同性壞生地，過四月索食戒也。

十七、噉蒜，剃隱處毛等戒。

十八、知尼先在白衣家，後令他去等戒法。

十九、經宿與欲求教授無比丘作長净等戒也。

二十、以胡麻滓揩身，先未容許，輒問著俗人莊嚴具等戒法。佛慈悲爲物，未見有行者也。

根本雜事

殊 十卷

《根本雜事》，四十卷。

一、佛制比丘，洗浴用磚揩石、白土等緣。
二、火生長者緣乃外道藥下胎等，一切行相戒法制。
三、未生怨王入長者家取財寶。
四、友地比丘教長者賢善，謗實力比丘，佛説夙世怨也。
五、佛制割截氍毹等戒。
六、佛制洗足濯足盆熱須扇等戒制也。
七、年少比丘白老比丘，不須多畜衣鉢，佛制三衣外戒法也。
八、勝光王信佛，惡生王誅滅釋種等也。
九、惡生王入城，不得來白母求謀等緣也。
十、魔女來撓坐禪入定比丘，佛因立一切戒禁因緣也。

貴　十卷

根本雜事

十一、難陀出家因緣。

十二、佛爲難陀説胎分苦相，或男或女，皆受心酸楚毒也。

十三、佛制三衣衣架，河邊造寺，拭身拭面巾等戒。

十四、長者不入寺掃地，佛起世俗心，帝釋將箒來。若起出世心，古地聖人，亦不知也。思之。

十五、龍母令龍子聽法，比丘以繩繫項樣出，爲不辨本形故也。

十六、佛制牆柵尼具，著打光衣，乞食平分、洗浄等戒。

十七、荒年比丘偷豬，去林中殺食，尋見蹤，佛因立戒也。

十八、長者子出家，身亡棄路，見者生惱。佛因制戒供養，如法焚化。

十九、佛爲五比丘説四諦法，令如理作意修習。

二十、佛制，不得用象、馬、師子、虎、狼五獸皮筋，六群比丘却用犯戒，佛呼來立戒。

賤 十卷

根本雜事

二十一、猛光王睡不得，求醫治，佛爲説戒。
二十二、猛光王與商人婦通，有子名福兒，佛説緣。
二十三、牛護太子治國因緣，乃光王子。
二十四、大臣增養，每因事諫猛光王作非事因緣。
二十五、佛爲大衆去婆羅門長者家受供也。
二十六、佛弟子與外道魔王捔其神力，變現無量。
二十七、如來現大神力，降伏外道，國王大臣人民皆大歡喜也。
二十八、大藥大臣往他國求親緣。
二十九、如來攝授一切人出家爲弟子，不令畜工巧之物戒也。
三十、佛制比丘尼，於大比丘生八敬法，各宜遵行，令正法住世故。

禮 十卷

根本雜事

三十一、佛制，比丘尼不得在比丘前行乞食，見起敬心戒也。

三十二、佛制，比丘尼不住蘭若，不居城外寺，不得門外望，不得窓中視也。

三十三、佛制，尼不得於寺外求懺悔，獨自不得剃髮，一切人不得賃尼寺屋住，佛戒之。

三十四、佛制，尼不得共女人浴，不得於逆流浴鉢底，須安替不得畜琉璃鉢戒。

三十五、摩納婆外道來觀如來相好等緣也。

三十六、佛往吒難國，爲國王大臣人民説法，不令放逸，修習佛法也。

三十七、佛告難陀人八等云，汝等今日已去，當依經教，不依人也。

三十八、佛至拘尸城外，度外道出家等緣也。

三十九、國王大臣共諍如來舍利等緣。

四十、大迦攝波共鄔波離，與五百七百阿羅漢，結集如來三藏聖教等。

别 十卷

一切有部尼陀那

《一切有部尼陀那》，五卷。

一、優波離近圓人分亡人物，圓壇户鉤菩薩像等，佛爲説之，成戒也。

二、門不割截衣得守持不？佛因制不得著往俗舍外道處也。

三、佛制，受學人難人不得受羯磨戒也。

四、佛制，許比丘畜煙筒、針筒等物，除不許。

五、摩竭國王、憍薩國王，皆聞佛説法，得慈忍力。

目得迦

六、小比丘呵責大比丘，生嗔爲毒蛇，佛往化之生天也。

七、六群比丘乞狗肉、馬頭尾、獼猴煮喫，佛呼來立戒爲制。

八、梵志詐請佛置火坑緣也。

九、佛許爲國王大臣有清净心者，説戒法，令於佛法中生尊重心。

十、佛制，舊住比丘相識接遠來比丘前後，多失衣鉢，故立戒許度七歲者爲驅烏沙彌。外道問何因無對，佛制許比丘學星曆，防外道所問也。

五分律

尊 十卷

《五分律》，三十卷。

一、梵云彌沙塞，此云五分，乃戒法分爲五分説故也。《初分波羅夷法》，食馬麥等緣，皆夙所招定業報也。

二、佛制比丘，作不净觀，莫使三尸嬰加頸，膿血逼身，虫流滿體也。

三、蘭陀比丘造房伐木，一切樹神人民不喜，謂沙門無慈悲心，佛因立戒法。

四、佛制，比丘不得與女人屏處坐，唯畜三衣，不許餘畜等戒也。

五、跋難陀比丘，於施主家，巧便乞餘衣鉢，佛因集衆立戒制之。

六、沙蘭比丘，聰明才智勝人，自知其非，耻爲墮負，佛因立戒制。

七、般陀比丘，爲教授比丘尼衆，令知八敬法，於勝法中增長義利。

八、佛制，比丘乞非時食，無有利益，立戒令不被嫌譏也。

九、六群比丘數數犯戒，諸比丘衆同來白佛，佛即呼來問實，因立戒禁止也。

十、比丘尼乞得食，比丘隨後就乞，日日空鉢而還。以至三日不得食，遂飢倒地。佛因立戒，比丘不許如是。

卑　十卷

五分律

十一、《第二分尼律波羅夷法》，優波離問，比丘同戒同學，不捨行淫，比丘尼亦然，及不與取等同住不？佛戒不得同。

十二、佛制三衣外捨衣等戒法。

十三、比丘尼不依比丘衆安居，應度不應度，與受戒不與受戒，佛説之。

十四、比丘尼持蓋，白衣家又如淫女行詣大衆所，佛因立戒法。

十五、《第三受戒法》，佛説過去欝摩王擯四天子出國也。

十六、如來宿火龍窟，降火龍也。

十七、舍利弗與外道論議，七日爲期，國王大臣人民皆集作證，結舌而退也。

十八、布薩法，八日、十四日、十五日共集，和合一處。

十九、佛制比丘安居春夏，恐踏生草虫蟻等也。

二十、耆域乳母云，我子身相如此，但恨未見佛法耳。耆域聞云，教我如此。即詣見佛，觀佛相好，於佛法中即生正信正見也。

上 十卷

五分律

二十一、琉璃王殺釋種，有逃得者，以被剝脱，來詣比丘所乞衣，白佛與之，因爲説戒。

二十二、佛許比丘病時食藥蘇、油蜜、石蜜等戒也。

二十三、第四分滅諍法，比丘比丘尼各有諍訟，各有助伴，佛立戒。

二十四、比丘犯戒，負人信施，佛制，須羯磨懺。

二十五、第五分破僧法，調達作念云：「我今破沙門大僧，謂我能者我得大名。」佛因立戒。

二十六、比丘與白衣共器食，佛因制戒也。

二十七、佛制比丘四威儀法，不得好净太過，不得裸形上廁，立戒。

二十八、有邪見人在會，佛不説戒法，令舍利弗觀察驅出也。

二十九、阿難白佛，令瞿曇彌五百釋種女出家，佛許與説戒法也。

三十、佛滅後，迦葉五百聖衆共結集教法。

四分律

和　十卷

《四分律》，六十卷。

一、梵云曇無德，此云四分也，此中戒法分爲四分説也。初分偈云：「稽首禮諸佛，及法比丘僧。今演毗尼法，令正法久住。」後分偈云：「如來立禁戒，半月半月説。已説戒利益，稽首禮諸佛。」其如舍利弗請佛立戒，與前部中同。

二、比丘衆從定覺起，厭患身命，愁憂不樂，作死蛇、死狗、死人等想。

三、迦留陀比丘尼，引諸婦人入房中，出粗惡語，説淫欲法，佛因立戒。

四、慈地比丘謗婆羅摩子，佛制，不得無根謗梵行人，立戒制也。

五、佛呵提婆達比丘，破和合僧，罪漸止即集僧衆羯磨。

六、佛制，比丘受畜衣物，當須如儀，不得違犯，成戒制也。
七、跋陀羅比丘爲長者説法，即索身上衣，佛即集衆立戒，令如法行。
八、六群比丘純新白羊毛作卧具，長者見云，道修正法如此，佛呼來立戒也。
九、六群比丘畜衣鉢多，長者入房見云，貧之如此，佛制一體也。
十、佛觀比丘衆有冷病、有惡瘡者，乃許服食五種藥物，因立戒也。

下 十卷

四分律

十一、釋子象力論議不勝，便違前語，數數如此，成其妄語。外道譏笑，佛立戒制。
十二、比丘伐木造房，佛呵云：「汝所爲非法，非沙門行，非威儀。」立戒制也。
十三、比丘尼聽難陀説法，歸晚入城，不得宿城壕中，佛因立戒。
十四、調達使人害佛，教阿闍世王殺父，自作新王新佛也。
十五、比丘行頭陀法，乞食見供養亡人食，亦食遭嫌，佛立禁戒。
十六、比丘宿軍中，觀見戰鬭，非沙門，立戒。
十七、十七群比丘，問六群比丘修四禪定，報云，已犯戒也，故相疑惱。佛立戒也。

十八、比丘衆問闡陀比丘持律行，報云，我不持此戒，可問餘智慧立戒。

十九、難陀比丘非時入林，佛集衆立戒也。

二十、六群比丘跳行入白衣舍，婆羅門居士長者譏云：「沙門作如是威儀，稱爲學正法？」佛呼來立戒制也。

睦 十卷

四分律

二十一、六群比丘同大比丘，赴施主食，乃頻食。居士云：「沙門食如獼猴。」佛立戒不鼓口也。

二十二、佛告衆云：「我今爲比丘尼説十事法，令得勝法。」

二十三、佛戒比丘尼，不得受染心人食，兩無利益，俱入地獄也。

二十四、比丘尼至一家乞食索油，又須酥食，立戒。

二十五、第二分佛制比丘尼，新衣當壞色，青黑木蘭。

二十六、師教取衣鉢，聽不審，謂師令偷衣鉢。佛因集衆立戒也。

二十七、施主欲施衣施食，比丘尼告衆云只可施食，佛呼來立戒也。

二十八、比丘尼往比丘所求戒，當須威儀具足，專心誠意。

二十九、比丘尼不往比丘所受戒法及教授，佛制戒令精進修行。

三十、六群比丘尼衆共在道而行，長者居士見，譏云：「稱我行正法，如淫女行，如賊女行。」立戒。

夫 十卷

四分律

三十一、如來上祖輪王相承，繼統天下。

三十二、諸梵天來諸佛所，請佛説法也。

三十三、梵天夜來供佛，光明迦葉見來请佛。

三十四、新受戒比丘威儀未具，不識細行，舉止乞食，皆不如法。立戒也。

三十五、有黄門人來出家，却與放牛羊人行不净，佛因立戒也。

三十六、佛云：「説戒曰比丘當集一處，和合住，以聽教誡也。」

三十七、第三分，六群比丘於一切時，遊行人間，佛呼來立戒。

三十八、佛制自恣日有異處，比丘來應往説戒處掃洒等因缘也。

三十九、億耳長者謂在家難修梵行，志求出家。迦旃延與度，未久得果也。
四十、瓶沙王患血疾，侍女笑云：「王如我等女人也。」王召耆婆醫，即差。王敕云：「汝止醫我疾，不得醫餘人也。」

唱 十卷

四分律

四十一、佛制比丘死，所有衣物園果等物，衆可分之。
四十二、有五比丘白佛：「我等當食何食？」佛云：「乞食，食五種食。」
四十三、有比丘吐下令羸，城門未開即死，佛因求地羯磨。
四十四、婆沙羅聚落有舊住比丘，接新來比丘，猶如涌泉，久乃退心。立戒也。
四十五、闡陀比丘作罪，於衆諱不作罪犯。佛知，呼來呵責立戒也。
四十六、六群比丘覆藏己所犯戒罪，又爲他覆藏。佛呵責之，立戒也。
四十七、比丘河中浴，上岸誤著他衣，謂是偷衣。佛知，立戒法也。
四十八、佛教比丘，令學滅諍法門，當得無諍三昧，於是會中各各修習。
四十九、比丘尼有餘食，白佛受比丘得不爲净不，佛即許之受。

五十、第四分説比丘，或林間，或樹下，或石室，或節草中，或聚落，或塚間行道，思惟禪定，多得患。佛因制，令置房舍牀蓐枕被等也。

婦 十卷

四分律

五十一、佛制僧地中作私房，客比丘來應起，係僧地故。

五十二、天帝化慧燈王，令修十善業道，得天報緣。

五十三、慈地比丘令長者謗梵行比丘因緣。

五十四、拘尸城中末梨子以五百張白氎，裹如來真身舍利。

五十五、優波離問犯戒，佛云：「未制不爲犯，制後犯爲犯。」因立是戒。

五十六、施主將胡麻子與比丘尼，弟子自食，師不知，謂偷。白佛以親厚意，不爲犯戒。

五十七、優波離問：「若比丘比丘尼、男子女人，以身相觸，犯何罪？」佛一一依所問立戒也。

五十八、佛説三羯磨，攝一切羯磨。所謂單白羯磨，白二羯磨，白四羯磨也。

五十九、佛呵責云：「破戒、破見、破威儀、破正見，若如是者，佛法中四大賊也。」

六十、佛告比丘，至僧中先有五法，應以慈心，應自卑下。如拭塵巾，善知坐起。若見上座，不應安坐。若見下坐，應起立。至彼僧中，不爲雜説。論世俗事，若自説法。若請人説法，宜專心誠。若見不可事，應作默然。云云。

隨　七經

彌沙塞五分戒本

《彌沙塞五分戒本》，唐梵雙標爲題也。佛戒諸比丘：「汝等應精進修集戒法，諸佛謂『一心精進，得無上道』。」

根本説一切有部戒經

《根本説一切有部戒經》，梵云薩婆多，此云一切有也。佛告衆云：「老死既侵，命根漸減，應須精持戒法，莫令放逸。」

十誦比丘波羅提木叉戒本

《十誦比丘波羅提木叉戒本》，薩婆多部中，初誦二誦，乃至十誦中，有比丘別解脱戒法。佛制，五和合衆、六净衆，宜聚一處，受此戒法，日夜精進修習，求實智慧，日月不停。死生侵逼，當勤精進。持如是戒，求佛菩提，以此爲本根。

摩訶僧祇律大比丘戒本

《摩訶僧祇律大比丘戒本》，摩訶，大也。僧祇，衆也。律者，梵云毗尼也。大者，久修習也。比丘者，乞士也。戒本者，防非止惡也。然此戒法，令久受戒比丘，每月十五日，集僧衆，共六和合一處，重重受之。欲令時時警策出家學道人，使佛法久住，各成道果。

摩訶僧祇比丘尼戒本

《摩訶僧祇比丘尼戒本》，佛聽比丘尼，每遇布薩日，當一心清净。往詣大僧所，求受別解脱戒，除女業習氣，成就如來净戒，得勝妙法。

根本説一切有部比丘尼戒經

《根本説一切有部比丘尼戒經》，佛制，女人既得出家爲尼，宜精修梵行，深樂佛法。若有所犯，當發露懺悔。一心受如是戒，依如是持，作如是行，成就佛法僧清净勝業也。

比丘尼波羅提木叉戒本

《比丘尼波羅提木叉戒本》，此戒本有《説法章》《教誡章》《會作章》《供養章》，此四章中，佛制比丘尼宜往布薩所，有罪犯發露，無罪犯默然。若一一有問，當一一答。清净一心，聽受此解脱戒。此乃如來最上第一法，修持得成聖道。

右諸律部，標指事相，於後卷中，總判所緣。此略辯意，照於前後，見其部類也。

大藏經綱目指要録卷第七

東京法雲禪寺住持傳法佛國禪師　惟白　集

外受傅訓，入奉母儀。諸姑伯叔，猶子比兒。孔懷兄弟，同氣連枝。交友投分，切磨箴規。仁慈隱惻，造次弗離。節義廉退，顛沛匪虧。性静情逸，心動神疲。守真志滿，逐物意移。堅持雅操，好爵自縻。都邑華夏，東西二……已上七十九函。

外　十經

四分僧戒本

《四分僧戒本》，曇無德部中出此本也，如偈云：「世間王爲最，衆流海爲最。衆星明爲最，衆聖佛爲最。一切衆律中，戒經爲上最。」餘義多同。

四分比丘戒本

《四分比丘戒本》，沙門懷素《序》云：「戒者定慧之宏基，聖賢之妙趾。窮八正之道，盡七覺之源。樹五制之良規，揭六和之清訓。龍城之要旨，鹿苑之微言。五道舟航，三乘軌躅也。」其餘戒本中行相前後同也。

解脱戒經

《解脱戒經》，此戒法出迦葉毗部中也。偈云：「有佛興世樂，興世説法樂。衆僧和合樂，和合持戒樂。」餘則大同小異也。

沙彌十戒威儀經

《沙彌十戒威儀經》，佛敕舍利弗，去度羅睺羅出家，乃白佛云：「我云何度？」佛令與受三皈五戒十戒，盡形壽故不得犯，及一切威儀。

沙彌威儀

《沙彌威儀》，佛言：「既受十戒已，當知戒知戒師名，侍奉出家和尚，出入持鉢，赴請受施等戒法。」

四分尼戒本

《四分尼戒本》，一卷。

五分尼戒本

《五分尼戒本》，前戒本文相大同，止呼召異也。意令勤奉净戒，勤聽法語，不可放逸，生難得出家想，樂住佛法中，求解脱故也。

舍利弗問經

《舍利弗問經》，白佛云：「如來説法，或親聞傳聞，或行不行。佛滅後，戒律如何？」佛云：「吾滅後，正法付迦葉等衆。」讖阿育王孫滅佛塔寺教法，彌勒化爲五百童子，來佛求法，却復興盛。遇王慈善，弘護佛法。從此比丘衆各隨所見，分諸異部，或盛或衰，因人弘揚，故如是。

受 十卷

根本説一切有部百一羯磨

單白二十二也，白二四十七也，白四三十二也。若成一百單一，故云百一也。佛説五種阿闍梨，一受三皈十戒，二屏處檢問障法，三作自四羯磨，四依止，謂一宿住，五教讀乃至一句四句也。有二種師，有一剃髮出家，二受近圓。餘義次第説。

二、佛説，太世主喬答彌愛樂八敬法，出家及受近圓，成苾芻尼性。若先出家，未受近圓，可隨次第而受。

三、佛制比丘滿十二夏，可白二畜門人等緣。

四、佛制有罪比丘，十五日布薩，可掃洒壇地，陳露悔過作白。

五、所造寺舍施主，或因拘執，可作白，與五年同利養住。

六、佛制，比丘種種違犯，悔衆教罪，依此所説戒法羯磨儀之也。

七、佛制，有客比丘來，當須告白，如不白者，得犯戒罪也。

八、勝妙比丘數犯衆教罪，遂令白四折伏羯磨，更有餘類方便故。
九、比丘有犯衆教罪，令白四羯磨。
十、給孤長者白佛，弟子於戒定解脱知見圓滿者，應受施主最上施利，佛制可之。

傳 七經

大沙門百一羯磨法

《大沙門百一羯磨法》，捨界結，内界結，外界等羯磨。一住處，一説戒，及四方戒相，一切界相法，禁戒也。

羯磨

《羯磨》，作法與前大同也。其意令比丘作結界相，竭地不得隔水等戒。

十誦羯磨比丘要用

《十誦羯磨比丘要用》，一卷，前戒本同。

曇無德律部雜羯磨

《曇無德律部雜羯磨》，此云法鏡，即四分律也。然問答立界同前耳。

彌沙塞羯磨本

《彌沙塞羯磨本》，即《五分律》也。沙門愛同，開爲十門。一作法緣起，二諸界結界，三諸戒受捨，四衣藥受浄，五布薩儀軌，六安居法則，七自恣清浄，八受施分衣，九懺悔諸犯，十住持雜法也。此戒文行相最詳，審可檢行。

四分比丘尼羯磨

《四分比丘尼羯磨》，律法中，須知出家爲比丘作法戒法儀範。

優波離問佛經

《優波離問佛經》，佛告優婆比丘，成就五事，盡命非不依止。一不知布薩，二不知布薩劍暮，此云羯磨也。三不知戒，四不知説戒，五減五歲，反是亦爲五也。一一問佛，一一答之，皆是出家比丘奉持佛戒精妙要義也。

訓 三經

僧羯磨

《僧羯磨》，三卷。

尼羯磨

《尼羯磨》，三卷，沙門懷素《序》略云：「鹿苑龍城，啓尸羅之妙躅。象嚴鷲嶺，開解脱之玄宗。三千大千，受清凉而出火宅。天上天下，乘戒筏而越迷津也。」然此六卷戒相，同於前後戒本。

曇無德隨機羯磨

《曇無德隨機羯磨》，二卷，大唐西明寺宣律師，於諸部律戒本中立意，或刪或補，成此戒文，最爲精要。其間開説百一羯磨名數，分别十門，解説妙義，令末世比丘，勉懷斯典，知如來方便慈智，順情應機，普利塵方，使其出離，不可思議也。

入 九經

一切有部毗奈耶頌

《一切有部毗奈耶頌》，三卷前大部中解此頌也，爲總攝事。故如偈云：「開闡於調伏，善閑調伏義。正在調伏中，能捨非調伏。欲令調伏者，入斯調伏海。不起大疲勞，能生勝妙樂。」其餘頌義可知也。

毗奈耶雜事攝頌

《毗奈耶雜事攝頌》，磚石及牛毛，三衣并上座。舍利猛獸筋，笈多尼除塔。餘頌義前律部中多解也。

尼陀那

《尼陀那》，五十二頌。

目得迦四十八頌

《目得迦四十八頌》，前律中，以此頌爲總攝，一一標解，或引證也。

目連問戒律中五百輕重事

《目連問戒律中五百輕重事》，用三寶物，當墮何處？移佛物等事，若佛物爲佛用，五百事，可見。

優婆塞五戒相經

《優婆塞五戒相經》，净飯王白言：「如來已爲比丘、比丘尼、沙彌、沙彌尼説制重輕戒，唯願如來亦爲我等分别五戒可悔不可悔，令識戒相，使無疑惑。」佛即爲説優婆塞五戒相，其有可悔，有不可悔，令其依行，得於聖道。

大愛道比丘尼經

《大愛道比丘尼經》，二卷，阿難白佛，已度出家成比丘尼，唯願如來爲授學修習禪定法，則此緣前已多說。

迦葉禁戒經

《迦葉禁戒經》，禁比丘衆，不得作非法，宜勤修梵行。

犯戒罪報經

《犯戒罪報經》，舍利弗問犯戒得何罪報，佛隨所犯輕重，不免俱入地獄，受苦有間無間耳。

戒消灾經

《戒消灾經》，印土一家奉佛戒，一男子出外，父母告曰：「堅持五戒，不得犯。」至外國，遇親友，再三勸飲酒。歸家，父母趨出，以謂違教，非孝子也。復至他國，宿噉人鬼婦家。雖破一戒，尚有四戒，天神護祐，鬼不能食。遂與鬼婦父母，說佛戒法，即同來見佛。佛云，戒法能除一切灾害。

薩婆多部律攝

奉 七卷

《薩婆多部律攝》，十四卷。

一、此云一切有也，尊者勝友集出也。分別別解脱戒法行相，如偈云：「諸佛現世樂，演微妙法樂。一心同見樂，和合進修樂。」然此一一先標頌，次解釋其義，明戒法也。

二、明説戒緣起，指陳學處。能犯所犯，有犯無犯等戒。

三、明殺生戒相，以聞佛説，修不净觀，有厭患者自斷命。

四、明廣造大寺妨修道業，於施主益少，遭譏嫌却多等戒。

五、明與女人在屏處坐，障法及有慾事，不定法中等戒法也。

六、明制畜衣物等一切戒法，宜依佛所説所行法則不可起。

七、佛制，比丘不得貪好鉢，於諸物不得多乞等戒。

母　七卷

薩婆多部律攝

八、佛弟子受惡觸藥，及餘食不知何者應捨，不應捨等一切戒律法也。

九、比丘與未近圓人，齊聲讀誦，如婆羅門喧雜，佛戒之。

十、比丘故在門外，與人談説，夜喚開門，入房强卧，令他比丘生惱，佛制戒。

十一、佛制一食，比丘非時行乞，非時敢食，佛集衆立戒。

十二、比丘衆聽佛説法已，半夜與未近圓人説話，佛因重集衆立戒法。

十三、十七衆比丘受近圓已，不能忍饑，啼哭，佛即立戒。

十四、佛制比丘於非親尼處受食，佛因立戒不許也。

儀　十卷

摩得勒伽經

《摩得勒伽經》，十卷。

一、犯戒罪，作無作，色非色，可見不可見，身作可見，口作無對，意作無漏等，一切戒法也。
二、犯出精等戒，作方便如法依行。
三、制比丘洗浴等一切戒法。
四、俗士擔宍行，鳥所奪，墮在乞食比丘鉢中，佛因立戒。
五、佛制種種不浄犯與不犯等戒。
六、藥花菓等物與病相應等戒法。
七、佛制邊地人受戒得戒已否，乃至受一切飲食戒。
八、佛制術力藥力變現行淫等戒。
九、佛制優婆夷謗比丘實見等戒也。
十、逼惱非人等出家，於法律中不如法，立戒。

諸 八卷

鼻奈耶

《鼻奈耶》，八卷。

一、鼻者，此云去也。奈耶者，此云真也。謂去其所犯之非，而就能持真實也。亦謂降伏此心也，息此心成定忍智也。無上戒則清净持守莊嚴身也，無上意戒則正思惟習定之，無上智戒則明了四諦也。此謂三戒，爲此戒本所宗也，餘戒相可見。

二、佛言，有天人，來問解脱，得解脱，受解脱而去。

三、迦留陀比丘乞食，還憶所見女人，起淫想，佛立戒。

四、比丘與國王大臣相識，乞食易得，有女人來求爲夫，佛立戒。

五、比丘與女人屏處坐，見者生嫌，佛因立戒。

六、天色陰暗，比丘乞食，電光中入門，有身妊女人，見謂鬼，驚墮胎。立戒。

七、佛制，比丘不得宿軍中，有緣故止一宿，因立戒禁。

八、六群比丘自恃王家子，早便入宫。又先至施受，供家腦亂。立戒。

善見毗婆沙律

姑　十卷

《善見毗婆沙律》，十八卷。

一、此律本佛滅度後，迦葉、阿難、優波離結集三藏始終來歷，無不詳備，皆云見佛如是説也。
二、佛差戒師有摩呬陀，即受具足戒，於壇中得三達智、六神通，漏盡成羅漢。
三、佛在光明國中，説《無始戒經》《火聚經》，會中八千五百人，聞已皆得道果。
四、六萬比丘圍遶塔園，説佛功德。如來慈憫，爲説毗尼藏。
五、佛告比丘，於四禪定中，棄去苦樂心，即有超勝妙定。
六、佛告婆羅門，汝莫係心家業，即爲雨法雨令，精進修習也。
七、解律中文句，如本所説，人身修習，生名姓戒，或長或短也。
八、汝等當知，起因作因，不起不作，於其中有識心，以心得解脱等戒。
九、於盜戒中，分别隨色名色，其處所、其名號等，一切戒法也。
十、或眼現相，或手現相，或脚現相，或摇頭現相，或動身等，教偷皆盜戒禁也。

伯 二經

《善見毗婆沙律》八卷

十一、佛令習數息觀境戒。

十二、或知三藏教法，爲人解説，不爲利名飲食，如是比丘光明佛法，謂興隆也。
十三、龍女迦留羅女，一切畜生女，皆不得捉，亦不得與女人同渡橋看上樹。
十四、馬師、滿宿二比丘，本作田人，引作田者來出家，佛立戒。
十五、自恣日，比丘失衣，給孤施衣，令自恣取衣，貪者不已。立戒。
十六、佛説般陀本名路邊生，夙因地也。
十七、佛詣迦毗羅國，説根本因緣。浄飯王諸釋種，因聞各成道。
十八、舍利弗設三十餘問，問所犯戒得何罪。佛依其所犯，結罪立戒。

阿毗曇經

《阿毗曇經》，二卷。

上、一千阿僧祇世界衆生所有功德，成佛一毛孔功德。遍佛身毛孔功德，成佛一相好。如是成就八十種相好功德，增爲百倍，成佛身一相。成就三十二相功德。增爲千倍，成佛額上一白毫相。以千白毫相，成佛一頂骨相，一切飛天所不能見頂。不思議清浄功德，聚成佛身也。及一切因緣。

下、如來在給孤獨園，爲人天説法，次第度諸弟子出家，各令修習四諦、十二緣。

毗尼母

《毗尼母》，八卷。

一、毗尼者，滅也，謂滅諸惡法，起善法故。母者，出生，决了定義也。謂一切戒律由此出也，廣攝諸戒故。明智慧人受具足戒，方能持守不犯也。

二、佛在世時，有得受具足戒者，有不得受者，亦觀其器耳。

三、明中殘罪等一切戒相。

四、集法藏時，迦葉以手拍地，震如銅鐘，王舍城人悉聞之。

五、佛在波羅奈國，五比丘白佛：「我等有病無病，畜何等藥治身也？」

六、比丘捨房，欲至他處，宜掃洒塗地可去。

七、佛説犯戒罪，有三因緣。一初犯，二因犯，三重犯。復説過去所犯戒因緣爲證也。

八、比丘畜長衣長鉢，不作净施等戒法。

大比丘三千威儀

《大比丘三千威儀》，二卷。

上、安息國三藏安世高所譯也。謂佛弟子有二種，一在家，持五戒，求天人勝妙果報也。二出家，先持十戒爲本，求佛菩提，捨去執務，具受八萬四千向道因縁。然不出身口意，此三清浄爲根實。若不能具清浄，依佛戒律，漸次修習，近善知識，以時策勵也。

下、行十二種頭陀行，及持錫二十五事等，一切戒法行相。然此二卷中，具比丘三千威儀法門。

猶 二經

薩婆多毗尼毗婆沙

《薩婆多毗尼毗婆沙》，九卷。

一、佛弟子制戒，集爲律藏。因果相生相縁，諸法諸使，爲阿毗曇。爲諸天世人説法，集爲增一。爲利根説諸深義，集爲中阿含。爲修禪定者所説觀法，集爲雜阿含。此是如來隨機適時説一切法，但一切衆生不能盡受持如來所説妙法。於中誦一四句偈，佛亦印之也。
二、如來得道初七日入喜法門，二七日入樂法門，三七日入諸解脱，四七日遊入大捨，五七日入逆順觀十二緣，六七日重歷諸法門，七七日觀應受化者。此是四十九日内，思惟如來是事也。
三、佛制盜戒，與優填王大臣人民，共立此戒。犯偷五錢，爲大賊罪也。
四、污他家法，謂不知羞耻。作惡行得惡，名成惡果。
五、佛説，蓮華色比丘尼，因中曾供養辟支佛，得端正出家也。
六、佛制比丘比丘尼，得畜雨浴衣，或擔負難又不許。
七、闡那造房，即日成便墮倒。以佛曾入，施主亦得無量福，以佛功德故。
八、女人共行，賊共行，自想年未滿二十，受具足戒等法戒。
九、佛制受食等戒，不得過食，但爲濟饑，又爲證明成福故。

律二十二明了論

《律二十二明了論》，多羅多法師造，真諦三藏譯。解釋律藏中二十二條真實要義，令得正法。人達其律義，故稱明了也。持佛戒人，守護諸根，令得相應修習三學成就。不看他面，以自得之也。戒定慧三學也，或依三業道立，或依三藏教立，或依三法身立也。了正行心，明了無礙，於身口八明了戒中，如法而修，如説而行。心自明了，律中條制。

右聲聞小乘調伏藏，總五十四部，計四百四十六卷，共四十五帙。唯《摩訶僧祇律》，乃如來在日，弘闡大慈，因一事立一制，以爲垂訓。佛滅後，大迦葉集五百聖衆，命優波離結爲大衆部。其餘諸部，或竺天聖者，或華夏高僧，各隨所見所聞，集譯傳播。然皆作謨萬世，流布塵方。教約有情爲出家利，自南山澄照，三生示現，弘持此道。而後繼之者誰也？修細行者得不傷懷！

阿毗曇：此云無比法也，亦云大法也。

八犍度：此云聚也、蘊也，一雜跋渠，二結使跋渠，三智跋渠，四行跋渠，五四大跋渠，六根跋渠，七定跋渠，八見跋渠。所云跋渠者，此云部、品也。於此八中，分四十四品。

論：部判淵微，研窮妙旨。

八犍度論

子　十卷

《八犍度論》，三十卷。

一、《世第一法品》，諸心、心數法，次第越次取證，爲上爲最，無能及者。捨凡夫事得聖法，捨邪事得正法。於正法中，越次取證，名世間第一也。

二、《跋渠品》，頗有智知一切法乎？頗有識識一切法乎？此爲智也。

《愛恭敬品》，云何愛恭敬、愛供養？緣學法不殊勝也。

《人跋渠品》，一人此生十二種緣，幾過去、幾現在、幾未來，及十一支因也。

《無慚愧品》，云何無慚無愧？謂諸蓋所纏，觀境未明故，須習學對治成行也。

三、《色品》，色法生死無常，當言色耶？非色耶？無色可見，不可見有對無對等也。

《無義品》，謂空持戒人不得其法義，故云無義。

《思品》，云何爲思？云何爲想？思想何别？云何爲覺，云何爲觀？覺觀何别？

四、結使品，三結、三不善根、三有漏、四流、四振、五蓋、五結等，皆名不善也。

五、《一行品》，愛結、瞋恚結、憍慢結、無明結、見結、失願結、疑結、慳結、嫉結，以此九結，爲修行人心中病也。

六、論過去未來三世中瞋恚結使，興與未興所係也。

七、《度人品》，三界所修四諦四果人所證行相也。

八、《十門品》，十二入、五陰、五盛陰、六大色法、三界過現未苦智、法智等，一切觀行也。

九、《八道品》，八種學成就，得十種漏盡、阿羅漢、過現未三世慧智、八正道、七覺支、諸禪定境，於此分辯修習。

十、《五種品》，謂邪見耶？邪智耶？學慧學智，有學無學等，五種法門行相。

《他心品》，云何知他心？謂得宿命智識及一切盡智，即知他人心所起也。

比 十卷

阿毗曇八犍度論

十一、《修智品》，法智未知智、知他人心智等智，苦智、習智、盡智、道智也。

十二、論八智中修習微細行相，入滅盡三昧也。

十三、《相應品》，三三昧、八八智、三三世所修，皆三三界行法等相應法義也。

十四、《相應品》義中，論諸法無願與覺意非無願相應也。

十五、《惡行品》，三惡行攝三不善相，三妙行攝三善根，一一對治也。

《邪語品》，謂邪語、邪業、邪命，三曲、三穢、三濁、邪身口意具也。

十六、《害衆生品》，頗害衆生，害亦不盡，不害亦不盡，報必入地獄。

十七、《有教無教品》，成就身教，則無教也。成就無教，却有教也。善與不善等，亦然也。

十八、《净根品》，四大所造，幾可見幾不可見？幾有漏無漏？幾有對無對？幾有爲無爲等，一切法也。

十九、《二緣品》，幾緣緣四大造心、心法？幾緣緣心四大？幾緣緣四大眼入？幾緣緣一切緣？

二十、《見諦品》，如來弟子，於身口意修三界、四禪定、覺意等法也。

《内造品》，内四大幾緣緣，内四大幾緣緣，因相應等所造法義也。

兒 十卷

八犍度論

二十一、《根品》，眼、耳、鼻、舌、身、意，男、女、命，樂、苦、喜、憂、護，信、精進、念、定、慧，未知、已知、無知，此二十二根也。

《有品》，有幾根行，欲界有幾根行，色界行等也。

《更樂品》，更增語、更明、更無明、更非明、更愛、更瞋等，一切法義行相。

二十二、《始心品》，一切衆生，始心興、始心住、始心滅乎？諸心有欲無欲，諸心等也。

《始發心品》，諸法心共一起、一住、一盡，彼法心相應也。

《魚子品》，論二十二根于爲成就有幾數。

二十三、《緣品》，諸根緣，過現事三世因，見苦諦等也。根緣學、非學、無學，见谛斷緣思惟等，一切行相法義也。

二十四、復次，諸根苦法智斷因，習法智斷緣，根習未知智斷緣，見苦斷諸根苦，未知智斷因，習見習斷緣，習無斷無緣。

二十五、《過去得品》，若得過去得過去，設得過去，彼得過去法也。若未來現在世，善不善無記，三界係學無學，見諦思惟斷等。

二十六、法思惟無色生，思惟斷心俱，見諦斷心俱，不斷心俱，諸法彼心相應。

二十七、《解脱品》，由何三昧盡十想，四禪四無色定，八解脱，八除入十一切入入智三三昧等也。

《阿那含品》，中生行無行上流，此五阿那含般涅槃也，論彼等在三界所斷所學所證果法義。

二十八、《一行品》，修斷三昧越智禪二定起想，俱律陀聚覺意眼徹聽有建凡夫果退，生界五通苦最後等義也。

二十九、《意止品》，四意止，身身觀意止，痛心法法觀意止，修身身等。

《欲品》，若棄欲，有受欲界有，彼一切盡欲界係法故也。

三十、《想品》，無常想，無常苦想，苦無我想，不浄想，觀食想，不可樂想，怨想，斷想，無陰想，盡想也。

《智時品》，謂諸聚，如彼聚，設聚，斷彼聚，厭彼聚，修厭聚，諸智聚也。

《見品》，謂此見無施、無福、無説，無善惡行果報，無今世後世，邪見也。

《偈品》，視者時時視，不視時亦視，不視者亦視，不現視亦視，視者視時視視，謂之諸已。見苦習盡道視時，謂之餘。見苦習盡道等，一切法義。

右《八犍度論》，佛滅後迦旃延子，見大法之難受持，蓋浩博也。總爲一部，八蘊聚分四十四品耳。傳入中國，竺佛念譯爲三藏中鼓舞。所以安師《序》云：「其説智也周，其説根也密，其説禪也悉，其説道也具。」以此可知其難。

發智論

孔 十卷

《發智論》，二十卷。

一、《雜蘊世第一法納息》，偈云：「世第一法七，頂二煖身見。十一見攝斷，此章願具説。」

此下説第一偈也。心心數法爲等無間入正性離生，謂世第一法也。聞正法，如理作意，信佛菩提法，樂修妙行，謂頂也。正法律中有少信受，謂煖也。

《智納息品》，一智生一切法，我此智何所知也。

《補特伽羅品》，偈云：「緣起緣息依，心依無有愛，心脱依界想。」等，明十二支也。此中納息，前論跋渠也。

二、《愛敬納息品》，偈云：「愛養敬力滅，涅槃蘊究竟。」取遍知、三歸等也。

《無慚納息品》，無慚無所慚，無敬無敬性，無自在性等義也。

《相品》，色法生住老無常也。

《無義品》，修諸苦行，不知佛法義味也。

《思品》，諸思等思增思，思性思類，心行意業，謂思也。

三、《不善品》，三根爲根也。

《一行品》，九結爲本也。

四、《一行品》義中論無明結繫等也。

五、《有情品》，三界見修所斷等。

《十門品》，二十二根、十八界、十二處等也。

六、《十門品》義中，所斷無明隨眼欲界部等也。
七、《覺支品》，習學七覺支，與定心相應不相應也。
《五種品》，邪見、邪智，正見、正智、學慧智等也。
八、《他心智品》，智修所成，能知他心、心所法也。
《修智品》，法智乃至道智等八智也。
九、《修智品》義中論苦智、集智，入現觀苦法類智時學也。
十、《七聖品》，一一微細所斷，期成妙定妙行，得聖果也。

懷 十卷

發智論

十一、《惡行品》，三不善根也。
《邪語品》，邪語非邪語，邪命非邪命也。
《害生品》，殺生斷他命，已滅未滅也。
十二、《表無表品》，若成就身表，彼無表也。現有身表，不得此無表也。
《自業品》，正受自業，是得自果。自等流、自異熟義等也。

十三、《大造品》，大種所造幾有見、幾無見等也。

《緣品》，大種具幾緣成也。

《具見品》，已具見諦，未離欲染所成色界，係身口意業何種造。

十四、《執受品》，有執受大種爲幾緣也。

《根品》，即論二十二根幾學無學也。

十五、《有品》，欲有相續幾業所生，根卵胎濕化等也。

《觸品》，有對觸，增語觸、明觸等也。

《等心品》，等起、等住、等滅，一切等也。

《一心品》，諸法與心一起一住一滅，所緣相應，俱住俱滅，不離心也。

十六、《魚品》，若成就眼根，彼二十二眼根幾成就、幾不成就也。

《内緣緣品》，彼二十二根，幾根過去，幾根未來等義也。

十七、《得品》，諸得過去法，彼得過去耶？未來亦然也。

《緣品》，有八定四禪等定義也。

十八、《攝品》，論十想相應不相應也。

《不還品》，論五不還果行想等也。

十九、《一行品》，三三摩地，空無願無相也。
《念住品》，身受心法所修觀也。
《三有品》，欲有、色有、無色有也。
《想品》，無常等十想法義也。
二十、《智品》，苦集滅道智忍，能通達遍知也。
《見品》，邪斷見、邪常見、邪見、無施福等也。
《伽陀品》，已見者能見，已見及不見，不見者不見，不見及已見者，謂諸不見苦集滅道。
此與前論同本異譯也。前云八犍度，此云納息也，例此小差耳。

兄 十二卷

法蘊足論

一、佛在時，大目連造偈云：「覺支浄果行，聖種及正勝。足念諦静慮，無量無色定。覺支雜事根，處蘊界緣起。」此總標品名之偈也。此論分別諸法及諸蘊，如與人醫病足得無病足，能行至彼岸也。

《學處品》，説十善業道也。

二、《預流品》，有四法，一近善友，二聞正法，三如理作意，四法隨行證，是果也。

《證净品》，佛證净，法證净，僧證净，聖所受戒，此四法等義也。

三、《沙門果品》，一來預流不還阿羅漢過也。

《通行品》，苦遲通行，苦速通行，樂遲通行，樂速通行，此四通行也。

《聖種品》，聖賢弟子，求得喜足，求不得無恨，得則隨分，用不輕蔑人，此四聖種也。

《正勝品》，一已生惡勤斷，二未生惡不令起，三未生善令生，四已生善令增長，此勝正也。

四、《神足品》，欲勝行神足，勤勝行神足，心勝行神足，觀勝行神足，此四皆云三摩地勝行所成就也。

五、《念住品》，觀身，受心法義也。

六、《聖諦品》，苦集滅道也。

《静慮品》，四無色定相也。

七、慈悲喜捨心俱，謂四無量品也。

八、《四無色品》，空識無所有非非想處也。

《修定品》，若修若習，有證現法樂住，有得殊勝智，有證得分別慧，有證得諸漏永盡。修習定境，有是四得，成法身也。

九、《覺支品》，修七覺支，與定相應也。

《雜事品》，貪嗔癡慢疑等一切法。

十、《根品》，二十二根也。

《處品》，十二處也。

《蘊品》，謂五蘊法義也。

十一、《多界品》，欲界、色界、無色界，嗔界、恚界等。

十二、《緣起品》，三界所有法及自身一切，因緣和合相應起相等法義。

集異門足論

弟 十卷

《集異門足論》，二十卷。

一、如來在力士生地，告舍利弗言：「吾今背痛，當暫偃息，汝當代吾説法，令比丘衆不空度日。」舍利弗承佛教旨，爲衆説法。然衆中各各自謂：「我於佛法律中，解有見，互有諍競。」舍利弗復告衆云：「汝等要知，如來現在所説法教，今爲宣演，令諸異門見趣同歸，與佛所見所行無異，如足能行也。」此《緣起品》耳。

《一法品》，一切有情皆以食爲命也，然有四食，段、觸、思、識也。

《二法品》，所謂名色、無明、有愛、有見等也。

二、《二法品》中，善巧入定，善巧出定，及四禪諸定也。

三、《三法品》，三善根、三不善根，三惡行、三妙行，三善尋等。

四、《三法》中，電光喻心，依是定心能斷。

五、《三法品》中，苦受、樂受、不苦不樂受等義。

六、《三法品》中，一天住，二梵住，三聖住等一切法義。

七、《四法品》，四念住、四正斷、四智、集苦滅道等。

八、《四法品》中，有損害，無損害，身語意行等也。

九、《四法品》中，布施、愛語、利行、同事等四義也。

十、《四法品》中，虚誑語、離間語、粗惡語、雜穢語，此四語一切有情習爲常事也。

同 十卷

集異門足論

十一、《五法品》，五蘊、五取蘊、五妙欲、五慳、五趣、五蓋、五心栽、五心縛、五順下分結、五順上分結等。

十二、《五法品》中，分別五蓋等法義。

十三、《五法品》中，分別五能忍等法義。

十四、《五法品》中言，若無大師，隨一有智梵行者，習正法律。

十五、《六法品》，六內處、六外處、六識身、六觸身、六想身、六思身、六愛身、六順退法、六順不退法，如是等六法，一一分別。

十六、《六法品》中，分別六想等法義。

十七、《七法品》，七覺支、七補特伽羅、七定具、七財、七力、七非妙、七妙法、七識分別、七非妙法等義。

十八、《八法品》，八道支、八種施、八懈怠事、八精進事、八福生、八種衆、八世法、八解脱、八勝處、八補特伽羅，如是等八法，一一分別法義。

十九、《九法品》，九結、九有情居。愛、嗔、慢、無明、見、取、疑、嫉、慳，此九結也。九有情居者，則三界九地中有情生者之謂也。分別法義。

二十、《十法品》，所謂十遍處、十無學。地、水、火、風、青、黄、赤、白、空、識，爲十遍處。正見、正思惟、正語、正業、正命、正勤、正念、正定、正解脱、正智等，皆名無學。

已上二十卷，從一法爲初，乃至十法，此是舍利弗恐佛滅後比丘乖諍，各稱已能故。以集此法門爲論，使取信天上人間也。

識身足論

氣　十卷

《識身足論》，十六卷。

一、天寂羅漢造，奘法師譯。所謂阿毗達摩大對法，論蘊界識心與身聚相應具足法義，令佛子如法而行，故云耳。如論總偈云：「初目乹連蘊，次補特伽羅。因所緣雜類，四句最爲後。」此偈爲本也。初品如目連説過去未來無現在無爲已，次明三不善相等。

二、論三界九有情居，乃契經中如來善語、善詞、善説等義。

三、補特伽羅論者，作如是言，諦義、勝義，可得可證，現有等有，是故定有也。

四、論六識身過去、未來、現在，以何爲因等義。

五、論十心，善心、不善心、記心、無記心等，於欲界所係。

六、論六識身過去、未來、現在，有緣在過去非過去，在未來非未來等緣。

七、所緣緣，諸色界善心有能了别色界係法，若麤若苦等。

八、諸色界係善心，或體未斷，所緣未斷，不可分别此心等義。

九、重分别欲界係中十種心斷未斷義。

十、所緣緣蘊中，分别解説諸色界、無色界善心等義。

連 二經

《識身足論》六卷

十一、論五識身起染不能離染等義。

十二、諸斷善根，如思害母害父，却隨愧悔。

十三、論十二心，欲界善心不善心，有覆無記心等法義。

十四、若成就無色界善心，亦成就無色界有覆無記心等法義。

十五、若不成就色界係善心，亦不成就色界係有覆無記心。

十六、有十二心，謂欲界係善心不善心，有覆無記無覆心等義。

界身足論

《界身足論》，三卷。

上、世友尊者造。此論明蘊界識身名相，悉具足故。《本事品》偈云：「三地各十種，五煩惱五見。五觸五根法，六六身相應。」有十大地法，十大煩惱地法，十小煩惱地法。如十大地法者，受、想、思、觸、作意、欲、勝解、念、三摩地、慧等十也。其餘法相可知。

《分別品第二門》，大地法與六識身，幾相應等義。

《分別品第三門》，大法受與慚愧無慚愧，幾相應等義。

中、《分別品第四門》，十八界、十二處、五蘊受相應何所攝，謂心、心所法也。

《分別品第五門》，想相應，思不相應，界處蘊想相應何所攝也。

《分別品第六門》，思相應，觸不相應，界處蘊思相應何所攝也。

下、《分別品第七門》，觸相應，作意不相應，謂作意自性色無爲也。

《分別品第八門》，作意相應，欲不相應，界處蘊等相應也。

《分別品第九門》，欲相應，勝解不相應也。
《分別品第十門》，勝解相應，念不相應也。
《分別品第十一門》，念相應，三摩地不相應也。
《分別品第十二門》，三摩地相應，不信不相應也。
《分別品十三門》，慧相應，不信不相應也。
《分別品十四門》，不信相應，懈怠不相應也。
《分別品十五門》，由斯理趣，諸差別門，應依前説，一行方便，如理當思，此諸門中有差別者，相似異位，皆不應説。

品類足論

枝 十卷

《品類足論》，十八卷。
一、世友尊者造。此論將蘊、處、界等法，成其品目流類，無不足者也。
《辯五事品》，一色，二心，三心所法，四不相應行，五無爲行。

《辯諸智品》，法智、類智、他心智、世俗智、法苦智、集智、滅智、道智等也。

二、《辯諸處品》，謂十二處法也。

《辯七事品》，十八界、十二處、是大地法、十大善法、十大煩惱地法、十小煩惱地法、五蘊法等義相也。

三、《辨隨眠品》，九十八隨眠，幾欲界係、幾色界係、幾無色界係，三十六欲界，三十一色界，三十一無色界，幾見所幾斷，幾修所斷等也。

四、《辨隨眠品》中，謂見苦集滅道所斷法，如不定係等。

五、《辨攝等品》，有所知法，所識法，所通達法，所緣法，增上法等。

六、《辨攝等品》中，九結九有情居等義。

七、《辨攝等品》中，身業身表無表，語業語表無表，意思善業等。

八、《辨攝等品》中，聖弟子於苦思惟苦，於集思惟集等義。

九、《辨攝等品》中，異生法界處蘊智識隨眠等義。

十、《辨千問品》，如總偈云：「學處净果行聖種，正斷神足全住諦。靜慮無量無色定，覺分根處蘊界經。」以此偈標也。

《品類足論》八卷

十一、《辨千問品》中，論四證净幾所色等義相。

十二、《千問品》中，論四念住幾斷遍知等義。

十三、《千問品》中，論四聖諦幾斷遍知等義。

十四、《千問品》中，論四無量幾所造等義。

十五、《千問品》中，論七覺支幾斷遍知等義。

十六、《千問品》中，論十二處與六善處相攝等義。

十七、《千問品》中，論幾有身見爲因非有身見因等者，一切應分別等義。

十八、《辨決擇品》，色法界處蘊智識欲色界遍行，及修所斷隨眠隨增一切法相，皆悉辨其所以，決擇分段，令成觀境。

友 十二卷

衆事分阿毗曇論

《衆事分阿毗曇論》，此論與前奘法師所譯《品類足論》同本，此宋求那所譯也，品義俱同。

阿毗曇毗婆沙論

《阿毗曇毗婆沙論》，六十卷，北凉道泰等譯。佛滅後五百年，五百應真造此論。釋迦旃延子所造《八犍度論》，與後大唐奘法師所譯二百卷者同本，但廣略有備有不備也。今此略標分，義在後部。

投 十卷

《婆沙論》，六十卷。

一、《世第一》，法義。

二、《世第一》，欲界義。

三、《世第一》，頂法義。
四、《世第一》，二十種身見我見等義。
五、《智品》，義分
六、《智品》，一人前後二心俱生義。
七、《智品》，祭祀餓鬼等義。
八、《智品》，一眼見色義。
九、《智品》，名身句身等義。
十、《智品》，六因非佛經説，四緣是佛經中所説，以因解緣相應等。

分 十卷

婆沙論

十一、《智品》，一切遍因前生見苦等。
十二、《智品》，云何所作因等義。
十三、《人品》，一人此生十二支緣幾現在等。
十四、《人品》，行緣無明，不緣明等義。

十五、《人品》，無有中愛，當言見道等義。
十六、《愛敬品》，云何爲愛，云何爲敬等。
十七、《愛敬品》，數滅非數滅等義。
十八、《愛敬品》，無學成就戒身等。
十九、《無慚愧品》，云何無慚及無愧及解章義等。
二十、《無慚愧品》，佛説掉悔作一蓋，掉外無悔，悔外無掉等義。

切 十卷

婆沙論

二十一、《無義品》，論優波提舍義等。
二十二、《無義品》，如來轉聖法輪等義。
二十三、《思品》，云何思、云何憶等義。
二十四、《思品分餘分道品》，若成就見等義。
二十五、《不善品》，三法九十八使等義。
二十六、《不善品》，欲漏無明眼等義。

二十七、《不善品》，五結使等義

二十八、《不善品》，三結幾不善等義。

二十九、《不善品》，三結幾是見，幾非見等一切義相。

三十、《不善品》，五人堅信法解脱等一切義行相。

磨 十卷

婆沙論

三十一、《一行品》，九結等義。

三十二、《一行品》，身見攝幾使等。

三十三、《一行品》，三種退義。

三十四、《人品》，見道、修道、斷種欲等義。

三十五、《人品》中四沙門果義等。

三十六、《人品》中欲界死還生欲界盡等義。

三十七、《十門品》，二十二根等義。

三十八、《十門品》，十八界等義。

三十九、《十門品》，十二入眼入等。
四十、《十門品》中，二色法等一切義。

箴 十卷

婆沙論

四十一、《十門品》，如來何以故先説苦諦等。
四十二、《十門品》中，何者是欲，何者是惡等義。
四十三、《十門品》中，入慈定，火不能燒等。
四十四、《十門品》中，立解脱無色定等。
四十五、《十門品》中，若得此定、修此定、入此定等。
四十六、《十門品》中，三昧一住一緣等義。
四十七、《八道品》，五陰、四陰爲體性等。
四十八、《八道品》中，成就見智等一切義相法門。
四十九、《八道品》中，念覺支等一切義相。
五十、《他心智品》，念前世智體性等義。

規 十卷

婆沙論

五十一、《他心智品》，自性念生智等義。
五十二、《他心智品》，我生已盡智體等一切法義。
五十三、《他心智品》中，六通義等。
五十四、《他心智品》中，佛告比丘衆生能信等。
五十五、《他心智品》，重解念前世智等義。
五十六、《修智品》，欲觀五陰，如重檜過患等義。
五十七、《相應品》，堅信堅法信解脱等義。
五十八、《相應品》中，論他心智等義。
五十九、《相應品》中，論知老死集滅道智體等義。
六十、《相應品》中，他心智成就未來見在等法義。

阿毗達磨大毗婆沙論

《阿毗達磨大毗婆沙論》，二百卷。阿毗達磨者，此云對法也，議論也，無上慧也。阿毗者，除棄也。除棄結使煩惱故，决擇蘊、處、界故。大毗婆沙者，此云廣破也，廣解也。謂廣破諸有，成觀定故。廣解契經妙義，顯無上心故。論者，問答部析，明研至理也。然此論，如來在日隨處應機而説，或舍利弗問，佛答；或五百羅漢問，佛答；或天人問，佛答；或化比丘問，佛答。唯迦旃延子能誦持故，以妙願力利諸有情，集爲《八犍度》《發智論》耳。佛滅後四百年，五百羅漢憶持此義，於迦濕彌羅國廣釋此論，成《大毗婆沙》也。大唐三藏法師，顯慶年初譯此論，文義超勝前後所譯也。

仁　十卷

《大毗婆沙論》，二百卷。

一、《序》，作論本意，欲明顯如來所説十二分教指義，受持者不生顛倒故。又明阿毗達磨爲無漏慧根體性，破諸邪見邪論，饒益惡行者，便悟入甚深正法，於煖頂忍世第一法能明了也。

二、《雜蘊》，世第一法納息第一，論世第一法，何以先説？與過去未來心、心所法，一起、一住、一滅、一等流，煖、頂、忍、異熟等一切諸法義相。
三、世第一法，論沙門果諸緣諸智諸行一切法義相。
四、世第一法中，正性離生性先現，觀欲界苦爲苦，後合現觀等義。
五、世第一中，一心多心相應差別，而未顯示現前多少威儀刹那等。
六、世第一法中，明頂，於佛法僧生小量信，謂如山頂人不久住，過山至山等義也。
七、世第一法中，廣明煖位，修習所因、所緣、所起，以何爲果等。
八、世第一法中，分別勝義中無我、我所，如人見繩是蛇，見杌是人等義。
九、世第一法中，非我、我見，於五見何見攝，有身見，擇滅等義。
十、《智納息品》，頗有一智，知一切法。緣一切法非我行相，慧爲自體慧等。

慈 十卷

大婆沙論

十一、《智品》，未來世中，有等無間緣，修正加行，應成無用，伏諸煩惱，究竟解脱，見蘊所説等。
十二、《智品》，補特伽羅既不可得，又無前心往後心理，何緣能憶？

十三、《智品》，一眼見色，二眼見色耶？爲止他宗，顯己義故，或有執眼識見色。
十四、《智品》，佛身現在已斷盡故，有盡非過去，謂如佛言也。
十五、《智品》，欲界語、欲界身、欲界名所脱義，或三界係不係等。
十六、《智品》，佛世尊受恚永斷，拔諍論根，滅憍慢本等。
十七、《智品》，身語業何等隨心，何等不隨心，色界戒、無漏戒等。
十八、《智品》，此身非餘身，相似爲因，非不相似，如此身等法義。
十九、《智品》，欲界見苦集所斷邪見，能緣三界苦集等。
二十、《智品》，一刹那業，爲但能引一衆同分，爲亦能多分同衆耶等。

隱　十卷

大婆沙論

二十一、《智品》，能作因體，即增上緣，俱一切法爲性故。然義有異，謂多勝義是增上緣。
二十二、諸心由隨眠，故名隨眠心。彼隨眠於此，心隨增等。
二十三、《智品》，頗有隨眠滅身作證，而慧不見彼滅耶。
《補特伽羅品》，此補特伽羅，此生十二支緣起，幾過去、幾現在、幾未來等。

二十四、《伽羅品》，樂受及不苦不樂受，與愛爲緣等義。
二十五、《伽羅品》，無明緣行，取緣有，有何差別等義相。
二十六、《伽羅品》，入息出息依身轉耶，依心轉耶？令決定等。
二十七、《伽羅品》，有色有情心相續，依身依心轉等依。
二十八、《伽羅品》，金剛喻定將成，解脱道盡智將生，若無間等。
二十九、《伽羅品》，説有三界，謂斷界、離界、滅界，分别契經等。
三十、《愛敬品》，云何名愛名敬，乃至供養恭敬，自性於一境轉等。

惻　十卷

大婆沙論

三十一、《愛敬品》，已説佛十力，當説四無畏正等覺、漏永盡，説障法、説出道等四義。
三十二、《愛敬品》，擇滅亦名涅槃，亦名同類，亦名非聚，亦名非顯等。
三十三、《愛敬品》，涅槃當言學耶，無學耶，非學非無學耶？
三十四、《愛敬品》，謂智遍知及斷智等，爲廣分别契經義，故有此遍知。
三十五、《無慚品》，云何慚，云何愧？契經説有慚有愧，今廣辯故。

三十六、《無慚品》，云何欲界增上善根，云何微俱行善根等。
三十七、《無慚品》，諸心過去，彼心變壞，爲止他宗顯正義故等法。
三十八、《無慚品》，有五蓋，爲五蓋攝諸蓋，爲諸蓋攝五蓋等。
三十九、《相品》，三有爲之有爲相，有爲之起，亦可了知等義。
四十、《無義品》，修觀行者繫念眉間，或觀青淤膨腹等。

造　十卷

大婆沙論

四十一、《無義品》，佛轉法輪，憍陳如等見法，地神舉聲遍告，如來今在鹿園説法等。
四十二、《無義品》，何故作此？爲欲分別契經難滿等義。
四十三、《思品》，云何思，云何慮？爲有執思慮是心，三摩地染污等。
四十四、《思品》，若起欲尋、恚尋、害尋，或自害、害他、俱害等。
四十五、《思品》，云何異生性？或有執欲見苦所斷十隨眠等義。
四十六、《不善品》，三結乃至九十八隨眠，及解章義也。
四十七、《不善品》，貪嗔癡三不善根，以何爲自性？以十五事爲自性等。

四十八、《不善品》，欲、有、見、無明，此四瀑流，以何爲自性等。
四十九、《不善品》，貪、嗔、慢、嫉、慳等五結，以何爲自性等義。
五十、《不善品》，謂七隨眠以爲自性，欲、色、無色三界、五部五十事也。

次 十卷

大婆沙論

五十一、《不善品》，何故名善、不善、無記？若法巧便所持，能招愛果，性安隱故，名善巧也。
五十二、隨眠幾見苦所斷，幾修所斷，何故作此論等。
五十三、《不善品》，有結，在欲界，彼結非墮欲界，謂纏、所纏等義。
五十四、《不善品》，隨信行、隨法行，信勝解見至身證等義。
五十五、《不善品》，身見與有身見爲幾緣，與戒禁取修等義。
五十六、《一行品》，謂九結等章，及解章義已，次廣釋。
五十七、《一行品》，集智已生，滅智未生，於見苦集所斷法義。
五十八、《一行品》，過去未來，亦有愛結，自相共相等義。

五十九、《一行品》，過去愛結亦有過去見結，係若未斷義。
六十、《一行品》，三結乃至九十八隨眠，爲前攝後、後攝前等義。

弗　十卷

大婆沙論

六十一、《一行品》，爲煩惱現在故退，爲退已煩惱現在前，設爾何失，二俱有過等。
六十二、《一行品》，欲界有退，非餘界人趣有退，非餘趣等義。
六十三、《一行品》，如是九遍知誰捨幾、誰得幾有，諸有情無得無捨。
六十四、《有情品》，生欲界聖者，有三事，命終一全離染等義。
六十五、《有情品》，隨眠一一盡何果攝，問何故作此論等義。
六十六、《有情品》，聖道是沙門性，有爲無漏及諸擇滅等義。
六十七、《有情品》，諸不還者所成就無漏法，此法不還擇也。
六十八、《有情品》，已離無所有處，染信解脱轉根作見義。
六十九、《有情品》，此中欲界異生聖者，幾隨眠隨增幾結係耶？
七十、《有情品》，住中有位，爲經幾時，經於少時速求生，故於六處門遍求生緣往和合也。

別等。

離 十卷

大婆沙論

七十一、《十門品》，二十二根、九十八隨眠，如是四十二章及解章義，既領會已，應廣分

七十二、《十門品》，意及法爲緣所生意識，是名意識界等義。

七十三、《十門品》，眼見欲界色時，於彼色起無覆無記義。

七十四、《十門品》云何建立内處外處，爲依何法，爲依於我等義。

七十五、《十門品》，謂契經中説有五取藴，故分别其義等。

七十六、《十門品》爲欲遮遣補特伽羅，及爲顯示智殊勝等。

七十七、《十門品》，四大論師各别建立三世，有異類相位待四也。

七十八、《十門品》，舍利弗云，諸善法生，皆四聖諦攝取等義。

七十九、《十門品》，苦聖諦應以慧遍知，阿毗達磨智所遍知也。

八十、《十門品》，四静慮欲令疑者得决定，故品類足説初静慮攝善五藴等義。

節 十卷

大婆沙論

八十一、《十門品》，離喜住捨，正念正慧身受樂，聖應説捨第三静慮具足住等義。

八十二、《十門品》，四無量加行，緣七有情而起，分欲界等。

八十三、《十門品》，修慈定者，刀毒水火皆不能害，必無災横而致命終。

八十四、《十門品》，空無邊處乃至非想非非想説等。

八十五、《十門品》，有比丘來詣佛所，説有明界、净界、空無邊處界等。

八十六、《十門品》，無色界修所斷無明隨眠，一一有幾等義。

八十七、《十門品》，隨眠爲所纏及相應縛，寬狹不等，應作四句。

八十八、《十門品》，意根通三界九地五部，有漏及無漏法等義。

八十九、《十門品》，苦集諦緣識，有漏緣識，有爲緣世俗智等。

九十、《十門品》，無色界修所斷無明隨眠，一一所增隨眠，當言有尋有伺等。

義　十卷

大婆沙論

九十一、《十門品》，眼根乃至無色界修所斷無明隨眠滅，緣識及緣識於九十八隨眠中等義。

九十二、《十門品》，眼界斷道緣識及緣緣識，一切有情皆成就等義。

九十三、《學支品》，如世尊説，學行迹成就學八支，過現未幾等也。

九十四、《學支品》，諸異生位無得無捨，此四誦行唯無量故等義。

九十五、《學支品》，或有説，諸有爲法皆是見性，行相猛利故等。

九十六、《學支品》，舍利子善知入出覺支定心，隨心所欲，能自在故等。

九十七、《學支品》，諸法念覺支相應，彼法擇法覺支相應等義。

九十八、《五種品》，云何邪見，謂無施與無愛了、無祠祀，乃至云何正見等。

九十九、《五種品》，沙門、婆羅門等，捨惡見去而不取者，少中覆少也。

一百、《他心智品》，云何他心智，云何宿住隨念智？諸有情類有流轉者，有遠滅者，流轉者等。

廉 十卷

大婆沙論

一百一、《他心智品》，傍生趣亦有生處得智，能知他心。有虎將兒子，乃云：汝母五百生常害我等故。

一百二、《他心智品》，阿羅漢恒於此法殷勤守護，寶愛執藏等。

一百三、六通中，幾是明非示道，幾是示道非明，隨念智證通等。

一百四、《他心智品》，預流於四顛倒幾已斷，幾未斷，一切已斷等義。

一百五、《他心智品》，於見道説無相聲者，隨信行、隨法行不可施設等。

一百六、《修智品》，謂八智，或有一智攝一切智，未來亦唯修等義。

一百七、《修智品》，八解脱道中，現在唯修世俗智，未來亦唯修等義。

一百八、《修智品》，諸結法智斷彼結，滅法智作證，爲止他宗等義。

一百九、《七聖品》，隨信行乃至俱解脱，於八智幾成就，幾不成就等。

一百一十、《七聖品》，諸法集智相應，彼法滅智相應，道智空無相三摩地，非一心故等義也。

義也。

退 十卷

大婆沙論

百十一、《七聖品》，若得，此中得者，已得名得，謂苦類智現前以後，後諸得言皆唯此釋義也。

百十二、《惡行品》，三惡行三不善相，爲前攝後，後攝前等義。

百十三、《惡行品》三惡行，十不善業道，爲三攝十，十攝三耶？爲分別契經等。

百十四、《惡行品》，身口意三業，黑黑、白白、黑白、非黑非白四業也。

百十五、《惡行品》，順樂受業，順苦受業，順不苦不樂受業等三業也。

百十六、《惡行品》，此業能取一劫壽果，爲是何劫，大中小劫等。

百十七、《邪語品》邪語邪命，有律儀，有不律儀，有住律儀等義。

百十八、《邪語品》，諸法由業得彼法，當言是善不善等義。

百十九、《害生品》，頗有害生殺生業，不善順苦受異熟等義。

百二十、《害生品》，別解脱律儀，爲但從所能有情處得，亦從非所處得耶？則律儀有增減。

顛　十卷

大婆沙論

百二十一、《害生品》，若業未離染，彼業異熟未離染耶？謂犢子部説五部業所得等義。

百二十二、《表無表品》，若成就身表，彼成就此無表耶？如是等義。

百二十三、《表無表品》，頗有業有漏，有漏果耶？依三果作論等。

百二十四、《表無表品》，唯受三歸近事，不唯有律儀缺減義。

百二十五、《自業品》，若業是自業，此業定當誰受不受等。

百二十六、《自業品》，云何比丘留多壽行，作此論分別契經等義。

百二十七、《大造品》，大種所造處，幾有見、幾無見，如是等章義。

百二十八、《大造品》，大種所造，幾有色、幾無色，無色故不同。

百二十九、《大造品》，諸四大種依何定滅？欲顯佛出現世間有功德。

百三十、《大種品》，如是四食，幾牽當有，令現在前。幾持今有，令相續住。有作是説，段、思、觸、識等四也。

沛 十卷

大婆沙論

百三十一、《大造品》，如契經説，有長者自手食，空中有神，爲説四向四果，自省平等心義。

百三十二、《緣品》，大種爲幾緣，若堅不堅物轉相作，不捨自相等。

百三十三、《緣品》，欲界係大種爲幾緣，俱有同類俱生互相望等。

百三十四、《緣品》，已説成立風水金輪諸海山洲地居器，次辨空居。

百三十五、《具見品》，未離欲染，何大種所造，生欲界作色界化等。

百三十六、《具見品》，心起住滅，此增語所顯刹那，此應半月等義。

百三十七、《具見品》，慧爲自體，若爾何故以想爲名，由此聚中想等。

百三十八、《執受品》，有執受大種爲幾緣，因相應法等義。

百三十九、《執受品》，身受心受，止他宗，顯己義，説受即是心分位差别。

百四十、《執受品》，以無間緣證預流果，修彼道時，四念住幾現在修，幾未來修，有未修而已得。

匪 十卷

大婆沙論

百四十一、《執受品》，四念住總説唯一，謂心所中一慧自性，根中慧根，力中慧力，覺中擇法，道中正見也。

百四十二、《根品》，二十二根幾學幾無學，幾非學非無學，如是等章。

百四十三、《根品》，已見諦者，已現觀者，諸學慧慧根及所有根信。

百四十四、《根品》，二學、一無學、十非學非無學，九應分别，未知當知。

百四十五、《根品》，幾根見苦所斷，遮説頓斷意，由未遮頓現觀。

百四十六、《根品》，幾因相應，欲止説因緣法非實有者等義。

百四十七、《有品》，欲有相續最初得幾也所生根，如是等章。

百四十八、《有品》，諸根無漏緣欲界係，此根法界稀有耶等。

百四十九、《觸品》，有對觸、增語觸、明觸、無明觸等十六觸。

百五十、《觸品》，若天眼現在前時，生得眼爲斷不？若斷者，云何不異熟生色等義。

虧 十卷

大婆沙論

百五十一、《等心品》，一切有情心，當言等起、等住、等滅耶？如是等章及解章義廣分別。

百五十二、《等心品》，無想定自性，云何不相應行蘊爲性等義。

百五十三、《等心品》，此中何者是想，何者是微細，何者是微微？

百五十四、《等心品》，住滅定者，不爲火水毒刃等所害所殺等。

百五十五、《等心品》，欲界没生欲界時，幾根滅，顯示多門故。

百五十六、《一心品》，諸法與心一起一住一滅，無學正見相應正思惟等。

百五十七、《得品》，諸得過去法，彼得過去耶？如是等章。

百五十八、《得品》，問得非得何差別，謂名得名非得，無漏等。

百五十九、《得品》，諸法善無色起，彼法善心俱耶等義。

百六十、《得品》，諸法無色界無色起，彼法無色界心俱耶？或無色界心俱，或欲界心俱，或色界心俱，或不係心俱。

性 十卷

大婆沙論

百六十一、《得品》，味相應初静慮，入當言味耶，出當言味耶？令疑者得决定故。
百六十二、《得品》，思性何等，入慈定何等，入悲入喜定等義。
百六十三、《緣品》，有等至八等至三，净初静慮有四種，順退等。
百六十四、《緣品》，有不修净初静慮亦非無漏，謂已得智等。
百六十五、《緣品》，一入正性决定，二得果，三離染，四轉根。此中依等。
百六十六、《攝品》，無常想，無常苦想，苦無我想，死想等。
百六十七、《攝品》，攝四静慮、四無色、四解脱，遮自性攝等。
百六十八、《攝品》，爲止撥無成就不成就性，意顯成就是實等。
百六十九、《攝品》，頗有成就味相應非净非無漏等義。
百七十、《攝品》，若等至隨，以何净静慮爲因，即以彼爲所緣耶？一一依净静慮等。

静　十卷

大婆沙論

百七十一、《攝品》，色愛盡起欲界梵世纏退時，若無色界没生欲界梵世等。

百七十二、《攝品》無藴、五取、五趣、五妙欲、五學處，依何定滅。

百七十三、《攝品》，眼所識可愛、可喜、可樂，如意能引欲可染等。

百七十四、《不還品》，有五不還，中生有行無行、上流涅槃等。

百七十五、《不還品》佛告比丘，有七善士趣，能進斷餘結得涅槃。

百七十六、《不還品》，五浄居，無煩無熱，善現善見色究竟。

百七十七、《不還品》，以何爲自性？爲身業、爲語業、爲義業等。

百七十八、《不還品》，如菩薩經三阿僧祇修四波羅蜜而得圓成。

百七十九、《不還品》，願智爲加行，得爲離染，此中有説佛盡智。

百八十、《不還品》，尊者婆呬迦等，心濡、心調柔、心和順，名異義一，如其次第以後釋前，别顯無憍心。

情 十卷

大婆沙論

百八十一、《不還品》，佛説：「我弟子中，大迦葉少欲喜足，具杜多行。薄矩羅少病節儉，具净戒行。」

百八十二、《不還品》，佛轉法輪，一切天人魔梵無能如法輪者。

百八十三、《不還品》，轉法輪已，地神唱聲展轉空告，無有餘天神告言。

百八十四、《一行品》，三三摩地，無空相，若成就過去空，過去無願。

百八十五、《一行品》，爲止撥無去來二世，及説無未來修者，欲顯如是事等。

百八十六、《一行品》，諸不定彼一切罪，聰慧、無明趣耶等義。

百八十七、《念住品》，身受心法，如是等章及解章義，領會已，廣分别。

百八十八、《念住品》，聞思修三種所成差别，念住思惟分别。

百八十九、《念住品》，若入正性，離生苦集，現觀各四，心須道現念住。

百九十、《念住品》，受樂身、受苦身、受不苦不樂身，受及苦心受時，如實知，此一智謂世俗一切身。

逸 十卷

大婆沙論

百九十一、《念住品》，羅漢已斷不善法，成就善法，應住善心而般涅槃，欲令此疑得決定故。

百九十二、《念住品》，如來入滅盡定時，未是般涅槃等義。

百九十三、《三有品》，捨欲有則欲有相續，欲界命終生初静慮。

百九十四、《三有品》，諸有欲令此中通依得修習，修無常。

百九十五、《三有品》，一切雜染，無明爲根本，所有種種惡不善法。

百九十六、《想品》，諸法無常想，見相應受，幾隨眠增等。

百九十七、《智品》，若事通達，則遍知也，若法與彼法作所緣等義。

百九十八、《見品》，諸有此見無施，於生死中起大執著等義。

百九十九、《見品》，諸有所受，皆以自在變化爲因，此非因計因。

二百、《見品》，後際分別見中十六有想論者，謂初四種依三見立，如説一類補特伽羅起如是見。

右《大婆沙論》六十卷者，北凉道泰等所譯也。二百卷者，大唐奘法師所譯也。然皆釋《八犍度》《發智》二論，其二論又亦同本異譯也。推其源，會其宗，則一論八藴聚，分四十四品耳，支爲多部多卷也。若北凉譯者，遭魏兵戰爭侵奪之際，故缺略而不完也。唯唐譯者，遇太平無爲盛世，尚於理實而治天下。抑亦奘法師親從佛土而還，故能精詣也。其二百卷中，備引如來所説緣起，剖判要義，廣解世第一法煖頂忍藴處界諸禪定觀境妙理也。如是則誠難撮略，今止於逐卷之初，標一義兩義，以例餘義，故卷卷標平等義。所以然者，等其無窮之義，見定境無涯矣。

《俱舍論頌》并《釋》，計五十三卷，真諦譯二十二卷，奘法師譯三十一卷。婆藪，此云天親造也。

俱舍論頌

《頌》，一卷，天親菩薩造也。説一切有部作八品，一《分别界品》四十四頌，二《分别根品》七十四頌，三《分别世界品》九十九頌，四《分别業品》一百三十一頌，五《分别隨眠品》六十九頌，六《分别聖賢品》八十三頌，七《分别智品》六十一頌，八《分别定品》三十九頌。已上六百頌，爲論之本也。

阿毗達磨俱舍論釋

心　七卷

《阿毗達磨俱舍論釋》，二十二卷。

一、此論對法，净慧了明定境也，净智爲助伴也，擇法顯無垢也。《分別界品》，具明十八界，及論主作論本意。宗如來所説三藏中法相深微，名實要旨。摧其異説，顯正教妙趣，成種智也。

二、《分別界品》中，十八界何法能斫所斫，能燒所燒，能稱所稱等義。《分別根品》，二十二根已，根義云何最勝？自在爲義，於自事用中。

三、《分別根品》中，應當思量是諸有爲法，如彼自相，更互不同。爲如此彼生亦不同，爲有諸法決定俱生，亦有以一切法等。

四、《分別根品》中，説二定以何法爲命，此藏中説何者爲命根三界壽。

五、《分別根品》中，是因於他生有分，皆是無常，此無爲法等。

六、《分別世間品》，諸天、地獄、修羅、餓鬼，一切諸趣，所修所報，業果差別。現量善惡境界，微細具明，顯佛教所談不虛。

七、《分別世間品》，一切陰相續牽引不平等，能感壽命，業有差別故。此相續隨能引勢，如此次第等。

動 八卷

俱舍論

八、《分別世間》中，行有於業，諸惑如種子，及龍如樹根，種子芽葉等。龍住處常不枯涸，相續等義。

九、《分別世間品》，論三千大千界，四大洲，夜摩天，四天王天，宫殿莊嚴，壽命身形等量，劫數長短大小等，一一差別相。

十、《分別業品》，世間多種差別，皆從業生。云何因衆生業？一意業，二意所造業。由此所造，但意所作，非身口所作。若總，成三業也。

十一、《分別業品》中，一切人於護不護及中住，乃至造有教業未竟。是時中與現世有教相應，若有教或有覆或無覆等義。

十二、《分別業品》，業有五品，不定受業分爲二，於報或定報或不定。此中現法應受業者，於此生造業，於此生受等義。
十三、《分別業品》中，由分別安立業道，此中是義應説，幾種業道故，意與彼相應俱起，意與八惡業一惡業道俱等。
十四、《分別惑品》，以説世間多種異從業生，諸業由隨屬惑故，至得長生。若離隨眠惑，於生諸有諸業無復功能等義。
十五、《分別惑品》，衆生惑、已相離惑、滅苦下惑、同境惑、九品惑、遍行惑、已滅未滅惑，已斷未斷、相應不相應，由少功力不能頓除等。

神 二經

《俱舍論》七卷
十六、《分別聖道果人品》，一由見道所滅，二由修道所滅。依世修及依出世修，故見道一向治三界惑。
十七、《分別聖道果人品》中，二退以非至得爲性，違退必由罪過，或捨退則不定。已得煖後，苦退隨必定，以涅槃爲法等義。
十八、《分別聖道果人品》中，如凡夫生初定地以上，由捨欲界惑，滅離至得與彼惑更不相應，乃至一切解脱道、一切地等義。

十九、《分別慧品》，已説諸忍及諸智已，説正見及正智。諸忍爲非智，正智爲非忍，中間乃至盡智無生智，非見非決定等義。

二十、《分別慧品》中，一切凡夫及聖人，由通於一切智修諸德已，十八不共法得佛法，謂力等，此法唯佛世尊一人於盡智生等義。

二十一、《分別三摩跋提品》，依止智慧一切功德，謂智慧種類分別説已，別性類功德，今當分別解脱等。

二十二、《中破説我品》，非如我見誑於心故，彼人不於五陰相續中立我，由彼分別有別實物名我，一切惑以我執爲生本故。

俱舍論本頌

《俱舍論本頌》，前已標分。

俱舍論

疲 十卷

《俱舍論》，三十卷。

一、天親菩薩造，奘法師譯也。欲造此論，先明佛德尊高超諸聖衆也。《分别界品》，自有漏、無漏、三無爲、四聖諦、五藴，五根色法中形色、顯色，各别了别，如遠觀察軍衆、山林等。

二、《分别界品》，十八界中幾有見、幾無見，幾有對、幾無對，幾善、幾不善、幾無記，色界有見，以可示現此彼差别等義。

三、《分别根品》，如是因界已列諸根，即於此中，根是何義？最勝自在光顯名根，由此總成根增上義，誰望於誰等。

四、《分别根品》，今應思擇，一切有爲如相不同，生亦各異。爲有諸法決定。俱生色聚極細，立微聚名，顯無細也等義。

五、《分别根品》，如是已辯得、非得相，同分者，有别實物，名爲同分。爲諸有情展轉類等，有差别、無差别等義。

六、《分别根品》，不相應行，前言生相。生所生時，非離所餘。因緣和合，此中何法説名因緣？能作、俱有、同類、相應、遍行、異熟六因。

七、《分别根品》，契經中説四緣性，因緣性、等無間緣性、所緣緣性、增上緣性。此中性者，是緣種類，於六因内除能作因等。

八、《分别世品》，已依三界分别心等，今次當説，三界是何？各於其中，處别有幾？謂地獄等四，及六欲天，并器世間，色界、無色界等。

九、《分别世品》，當往何趣？所起中有形狀如何？若業能引，當所往趣，彼業即招，能往中陰。若往彼趣，即如所趣，當本有形也。

十、《分别世品》，無明何義？謂體非明，如諸親友，所對怨敵，親友相違，名非親友，非異親友。繫縛、瀑流、觸緣等一切義。

守 十卷

俱舍論

十一、《分别世品》，三千大千世界，安立形量。風輪、水輪、金輪，諸有情業，增上依止虚空等處。

十二、《分别世品》，諸器界中壽量劫數，時分長短。國土山川，轉王出現治化。有佛無佛，一切有情所作業報等。

十三、《分别業品》，前説有情、器二種世間，各多差别，由誰而生？偈云：「世間由業生，思及思所作。思即是意業，所作謂身語」等義。

十四、《分别業品》，應辯前表無表，律儀不律儀，非律儀非不律儀，能遮能滅，惡戒相續，别解脱静慮，生道生三律儀等。

十五、《分别業品》，三種律儀，欲界中别解脱，此從一切根本道業，及從加行後起，而得即情非情、性罪遮罪從現得等。

十六、《分别業品》，佛依業果性類不同，所治能治説四種業。欲界善名白，不善名黑，善有雜染名黑白，善染超勝非黑非白。

十七、《分别業品》，十業道中，唯後三道業之道，故立業道名。彼相應思，説名爲業。彼轉故，轉彼行故，行如彼勢力也。

十八、《分别業品》，五無間爲業障體，其體是何？四是身業，一是語業，三是殺生，一虚誑語根本業道，一是殺生業道加行。

十九、《分別隨眠品》，前言世別，皆由業生。業由隨眠，方得生長。由此隨眠是諸有本故，業離此無感，有能一切法相等。

二十、《分別隨眠品》，諸有情類隨眠增名係，有其二種，一者自相謂貪、嗔、慢，二者共相謂見、疑、癡，事過、現、未三世遍行。

真 十卷

俱舍論

二十一、《分別隨眠品》，即諸煩惱結縛隨眠，隨煩惱纏義差別，九結、三界、三見、二取，如是等義。

二十二、《分別聖賢品》，已説煩惱斷於九勝位，得遍知名。然斷必由道力，由見諦道及修道故。道唯無漏，非世間道等義。

二十三、《分別聖賢品》，已説入修心便得定，復何所修？依已所修，成滿勝止幻四念。自相共相，各別自性。一切有爲，皆非常住。

二十四、《分別聖賢品》，已辯住果，未斷修惑，名爲預流，生極七返。今次應辯斷位衆聖，且應建立一來向果，進斷修惑等。

二十五、《分別聖賢品》，如前所説，不動應果初盡智，後起無生智。諸阿羅漢如預流等有差別，不由種性異有六法也。

二十六、《分別智品》，前説諸忍、諸智，後説正見、正智，聖、慧、忍非智，有漏無漏二慧，無漏立聖名，盡智、無生智二智也。

二十七、《分別智品》，已辯諸智差別，佛盡智、十力智，一切所知境中智，由諸智性成就佛身一切功德殊勝妙法智性。

二十八、《分別定品》，已説諸智所成功德餘性功德，今此當辨所依止定。切諸定内修四静慮，攝心一境，專一所緣等定。

二十九、《分別定品》，所依止定，當辨依定所起功德。諸功德中，有四無量定，無量有情爲所緣故，引無量福感無量果故。

三十、《破執我品》，豈無解脱理？必無有虚妄，我執所迷亂故。此法外諸所執我，非即於蘊，相續假立。若唯五取蘊名補特伽羅，何故世尊説云：「吾今爲汝説諸重檐。」可説無常非實有性，不可説常住實有等義。

右《俱舍論》三十卷，釋六百餘偈，分別界、根、世、隨眠、聖賢、智、定、破執我等九品，乃微細解其名相，顯大乘對法，净慧宗旨，觀境次第，禪定相應，離諸煩惱繫縛，以成聖果矣。

順正理論

《順正理論》，西竺衆賢尊者造。此論本名《俱舍雹》，破天親所造頌論也。後見理勝，已義遂改，名《順正理》，謂順其契經，聖者所製論頌正實妙理。又復依顯宗，論明其撮要也。皆唐三藏奘法師譯也。

志　十卷

《順正理論》，八十卷。

一、《辨本事品》，辨蘊、處、界等法，及作論本意與前《論》同，釋《俱舍》六百偈，此爲初也。

二、《本事品》中，亂心、無心等。

三、《本事品》中，自性、處、界等。

四、《本事品》中，顯根、境識等。

五、《本事品》中，火界少不增强，即名冷等。

六、《本事品》中，十八界中幾内幾外，六根、六識等。

七、《本事品》中，已説三根取非至境等。

八、《本事品》中，眼若是見，不言能見，以眼爲門等。
九、《辨差別》品，已列諸根，更應思擇法義等。
十、《差別品》中，因分別界已廣辨根諸行俱生，爲遣邪宗顯正理故。

滿 十卷

順正理論

十一、《差別品》中，作意別有，亦如經説，心由意引發故生。故此定應是大地法，無別一法名作意也。
十二、《差別品》中，無上法中已辨心、心所法等。
十三、《差別品》中，思擇滅盡定中滅一切心、心所法。
十四、《差別品》中，爾時此法爲名安住，名壞滅等。
十五、《差別品》中，前言生相生所生時非離等。
十六、《差別品》中，能養能生、或遠或近等流果。
十七、《差別品》中，已辨六因相別世定，必應對果。
十八、《差別品》中，前説六因，此辨五果，何果何因等。

十九、《差别品》中，等無間緣何法爲性？非後已生心、心所法，乃至爲簡未來無爲法故。

二十、《差别品》中，如是因緣有何差别，此就實體差别，都無應説因緣如何相攝。

已前已説因緣五因性等。

逐　十卷

順正理論

二十一、《辨緣起品》，已依三界，辨得心等，念思擇三界是何，各於其中處别有幾等相。

二十二、《緣起品》中，已説諸界趣中如其次第識住有七生處等。

二十三、《緣起品》中，前説地獄諸天，唯大化生，此中何法説名中有。

二十四、《緣起品》中，如無色界没中無連續欲色界色生等。

二十五、《緣起品》中，已説内外羯剌藍等種等道理因果等。

二十六、《緣起品》中，結生識後六處生前中間諸位，總稱名色云。

二十七、《緣起品》中，如是所成，取爲緣故，馳求可意境時等。

二十八、《緣起品》，應知如是所説三際，唯有情數緣起義中十二支等。

二十九、《緣起品》中，已辨無明，當辨名色。何故名名？能表招故。

三十、《緣起品》中，已辨緣起，即於此中就位差别分成四有。中生死本，如前已説。今辨三界有無善等差别一切煩惱。

物 十卷

順正理論

三十一、《緣起品》中，有情世間、器世間，風輪、水輪、金輪，四大洲山川境物，諸天時分數劫，住、異、壞、空等。

三十二、《緣起品》中，以勝覺慧分析諸色至極微故，色少等。

三十三、《辨業品》，此中一類隨順造惡性，難論者作如是言，非業等。

三十四、《辨業品》，於正法内，有作是言，身及山等久住不滅等。

三十五、《業品》中，已辨二表業相、無表業相，初品已辨等。

三十六、《業品》中，已辨業門，謂思思已業差别故等。

三十七、《業品》中，如是建立表與無表，於中律儀三種差别云何而得。

三十八、《業品》中，諸有歸依佛法僧者，爲歸何等者。

三十九、《業品》中，别解脱律儀從何而得，復從何而得餘二律儀等。

四十、《業品》中，因辨諸業性相不同，經中所標諸業，所謂善、惡、無記三種業也。其相云何？安隱爲善，不安隱爲惡也。

意 十卷

四十一、《業品》中，如經中説，有四種，白白、黑黑、白黑、非白非黑，無異熟業能盡諸業等。

四十二、《業品》中，今應思擇成業道相，謂齊何量名自殺生。

四十三、《業品》中，道能證斷及能斷惑，得斷道名即無間道，此道等。

四十四、《業品》中，住定菩薩爲從何位得住定名？爲何説名爲定？

四十五、《辨隨眠品》，此隨眠是諸有本故，業離此無，感有能等義。

四十六、《隨眠品》中，如前所説，六種隨眠復約異門，建立爲十等。

四十七、《隨眠品》中，由因教力有諸愚夫五取藴中執我、我所，此見名等。

四十八、《隨眠品》中，唯見苦集所斷隨眠力能遍行，不共無明等。

四十九、《隨眠品》中，爲顯上義，復應思擇，九十八中隨眠幾由所緣。

五十、《隨眠品》中，因辨隨眠不善無記傍論已了，今因思等何等隨眠於何事係，何名爲事。事雖非一，於此中等。

移 十卷

順正理論

五十一、《隨眠品》中，實有過去、未來、現在，了教正理俱成故，若爾三世由何有差别等義。

五十二、《隨眠品》中，如是所許一切有宗，自古師承差别有義。

五十三、《隨眠品》中，因辨隨眠，於如是位係如是事傍論。

五十四、《隨眠品》中，即隨煩惱、結縛隨眠、隨煩惱纏義有别。

五十五、《隨眠品》中，所辨隨眠及隨煩惱，於中有幾唯依意地。

五十六、《隨眠品》中，已辨諸惑對治，修能對治勝進位中所斷。

五十七、《辨聖賢品》，如是已辨隨眠等性，唯有無量建立。

五十八、聖賢品中，此中餘部有作是言，定無實樂受唯是。

五十九、《聖賢品》中，今應思擇，於聖諦中求真見者。

六十、《聖賢品》中，言息念者，即契經中如來所説阿那阿波那，言阿那者爲持息入等。

堅 十卷

顺正理論

六十一、《聖賢品》中，所修偈云：「彼居法念住，總觀四所緣。修無常及苦，空無我行相。」等義。

六十二、《聖賢品》中，順解脱分，入觀次第是正所論，於中已明等。

六十三、《聖賢品》中，已破所宗，唯執八心名諦現觀等義。

六十四、《聖賢品》中，見、修二道，當依此道分位差別，建立衆聖。

六十五、《聖賢品》中，依不還位，以種種門建立差別等。

六十六、《聖賢品》中，修道有二，一者有漏，二者無漏，思擇。

六十七、《聖賢品》中，沙門果、沙門性，此果體是何？果位差別。

六十八、《聖賢品》中，不動種性必無退理，唯前五種性有退義。

六十九、《聖賢品》中，所有解脱必無退理，是無漏道所得果故。

七十、《聖賢品》中，復以何緣諸阿羅漢等離有頂染同不受後生？然於其中有於煩惱證不生法等義。

持 十卷

順正理論

七十一、《聖賢品》中，思擇一切道，唯有四種，加行道、無間道、解脱道、勝進道，由此有得果義。

七十二、《聖賢品》中，修覺分時必獲證浄，此有幾種，依何位得？

七十三、《辨智品》，正見正智，名無學支。非智非見，建立見、智二支等。

七十四、《智品》中，所言行相爲但名别，實亦有異行相，乃能行所行。

七十五、《智品》中，已辨諸智差别，智所成德顯示，於中佛不共德。

七十六、《智品》中，已辨智無礙解，次説法、義、詞、辯四義也。

七十七、《辨定品》，今辨智所依定，唯諸静慮能具爲依，故此中先説。

七十八、《定品》中，我宗許，正在定位由勝定，起順樂受妙經。

七十九、《定品》中，已辨等至，云何等持？有尋、有伺、無尋、唯伺等四也。

八十、《定品》中，已辨無量，以辨八解脱中微細差别行相，無貪性，滅受想，自地浄心，無間無漏等。

顯宗論

《顯宗論》，衆賢尊者造。前《順正理論》以謂文義結縛，鈍者難究，以成真觀。又撮其要義，成於此論，顯其契經正理，以暢對法，净慧宗由者也。

雅 十卷

《顯宗論》，四十卷。

一、《序品》，明作論因，由弘讚佛德及顯宗旨，以述俱舍正理妙義也。《本事品》初章。

二、《本事品》，五藴等。

三、《本事品》，界、處等。

四、《本事品》，修斷也。

五、《辨差别品》，説根名等。

六、《辨差别品》，説大善地法等。

七、《差别品》中，性差别等。

八、《差别品》中，離所相等。

九、《差别品》中，俱有因相。
十、《差别品》中，已辨因果相，果有差别等。

操 十卷

顯宗論

十一、《差别品》中，緣與因義。
十二、《辨緣起品》，説三界相等。
十三、《緣起品》中，説三界化生中有等相。
十四、《緣起品》中，無明名色等。
十五、《緣起品》中，因果相續。
十六、《緣起品》中，有情器世等。
十七、《緣起品》中，外器量别身量等。
十八、《辨業品》，世别因業等。
十九、《業品》中，謂身、語等也。
二十、《業品》中，起殷净心，發誠諦語等義也。

好 十卷

顯宗論

二十一、《業品》中，得律儀捨於律儀。
二十二、《業品》中，身、語、意三清净等。
二十三、《業品》中，業道善惡得果等。
二十四、《業品》中，住定菩薩等義也。
二十五、《辨隨眠品》，業感由隨眠故等。
二十六、《隨眠品》中，幾由所緣。
二十七、《隨眠品》中，次第生時，誰前誰後。
二十八、《隨眠品》中，隨煩惱等。
二十九、《辨聖賢品》，初而就勝位立九遍知等義。
三十、《聖賢品》中，入修二門，心便得定。心得定已，復何所修。

爵 十卷

顯宗論

三十一、《聖賢品》中，分位差别建立衆聖。

三十二、《聖賢品》中，三向四果等。

三十三、《聖賢品》中，退法、思法、護法等。

三十四、《聖賢品》中，菩提分法。

三十五、《辨智品》，初正見、正智等。

三十六、《智品》中，頓修幾智等。

三十七、《智品》中，佛無量功德等義。

三十八、《辨定品》，初智所依定等。

三十九、《定品》中，諸等至隨無應等。

四十、《定品》中，所依止定，依定所起諸功德，慈悲喜捨等。

右《顯宗論》與前《順正理論》，并《俱舍論》及《俱舍釋論》，共四部，總一百七十二卷，皆釋天親菩薩所造《俱舍》六百餘偈。分爲八品惑九品，增減在乎取意也。偈本則同，釋義各異。其

間亦或同或異，然皆稱揚如來所説對法藏，詮明净慧妙理，深辨觀定境趣，與《婆沙》諸論通貫義意。故此止標品類，以照前後。不多撮義，緣者恐煩定心，智者知焉。

自　二論

阿毗曇心論

《阿毗曇心論》，四卷。

一、法勝尊者見諸大論師造《婆沙》《俱舍》等論，或太廣，或有太略，習學弟子難爲究覽。遂取中之，制作於此《論》也，如《大般若》六百卷而有十四行《般若心經》耳。此中義亦然，撮略諸部之要，故云心也。

《界品》，明地水火風四大界相，十八界中所緣觀覺行相體性，執受取捨，一界、一陰、一入所攝一切法也。

《行品》，一切法不能自立，由一切心也。一切心同一緣行不相離故，行與心俱。諸行：相應行、不相應行、所作行等也。

《業品》，身口意、善業惡業，由諸行、諸界所作也。

二、《使品》，貪、嗔、癡、慢、疑，身見、邊見、邪見，戒取、戒禁取，此十爲根本。三界、九地、四觀行觀、四諦，見修所斷九十八使心爲煩惱。

《賢聖品》，不停心者，無由起正見，觀不净相，身受心法，於四諦中一一觀之，成十六行。於煖法中生無漏智火，能燒一切行薪，成立頂位，於頂增長善根，名爲忍也。若忍已成立，一切世俗中功德中最勝善根，名世間第一法。開涅槃門，立賢聖位。四果四向，以次起進。

三、《智品》，法智、未知智、世智、有漏智、無漏智、苦智、集智、滅智、道智、盡智、無生智，以此智行決定行，無漏心中建立他心智等也。

《定品》，以知諸智，依智成定，依諸定行求其真實。如燈依油離風，光焰明徹。智依定故離亂心，智光甚明，然不出四禪八定也。

四、《契經品》，依如來契經中所説，諸天、諸世界、諸禪定境，建立四沙門果。聲聞、辟支、佛地，三十七品，四諦、十二支，二十二根等一切義趣。

《雜品》，心及心數，此名差别。一切行一切緣，是故説有緣，更五相應故。有有爲法，三界善惡，雜染、雜業、雜報、雜果，一切心所現也。

《論品》，威儀不威儀等十偈，是作論智本旨。漸次明其修習定境，斷煩惱，從初無漏心得餘無漏功德，捨凡夫事得佛法事。

阿毗曇心論

《阿毗曇心論》，扇多尊者造。此《論》六卷，釋前法勝尊者所作《心論》也，亦謂解此《論》旨，令習定者易成觀行。

一、此卷解《界品》《行品》二義也。
二、此卷解《業品》《使品》初二義也。
三、此卷解《使品》之餘及《賢聖品》二義也。
四、此卷解《智品》及《定品》初。
五、此卷解《定品》之餘及《修多羅品》之初、二義。
六、此卷解《修多羅品》之餘及《雜品》《論品》二義。以此六卷中品名，照前四卷中義也。

雜阿毗曇心論

縻　七卷

《雜阿毗曇心論》，十一卷，法救尊者造此《論》，釋前法勝所造《心論》也。謂諸師所作，廣略不同。或六千偈，或八千偈，或一萬二千偈，此爲廣也。法勝《論》本四卷，又略也。今博約取中，成於此《論》，俾其修習易覽其文，易曉觀智也。

一、《序品》《界品》二義論文也。

二、《行品》論文義也。

三、《業品》論文義也。

四、《使品》論文義也。

五、《賢聖品》論文義等也。

六、《智品》文義。

七、《定品》論文義也。

都 三經

雜阿毗曇心論

八、《修多羅品》論文義也。

九、《雜品》論文義也。

已上九品與上同，前《論品》，今此云《擇品》上、《擇品》下二分義也。

十、《擇品》上，説五阿那含利根及軟煩惱作中陰業等。

十一、《擇品》下，如法、識法、明法，謂知一切識、一切明、一切法等。

甘露味論

《甘露味論》，二卷。

上、尊者瞿沙造。此論二卷十六品，若依修習禪定，去除煩惱，得法喜禪悦之食，如飡甘露味，成聖果也。

《布施持戒品》，財、法，二施也。善、惡，三律儀也。

《界道品》，三界、諸天、六道、十八界也。

《住食品》，段、觸、思、識四種，有情住也。

《業品》，一切諸善惡，從身、口、意三業所起也。

《陰持入品》，五陰、十二入，持其有情生死也。

《行品》，相應行不相應，爲煩惱業係也。

《因緣種品》，十二因緣，二種業行，七種苦識也。

《净根品》，明二十二根所緣，有漏、無漏、煩惱等也。

《結使禪智品》，九十八使，二種斷見，三界所修斷得盡，即成禪智也。《三十七無漏人品》，坐禪先繫心一處，若頂上、若額端、若眉間、若鼻頭、若心中，令心一處住。若念走，攝來處處。是心如繫獮猴在柱，雖繞柱走，去不得，漸漸成其定境。於中隨其根利鈍，證四向果。聲聞、辟支及諸天所修，差別成三十七人也。

下、《智品》，則法智、未知智等十智也。

《禪定品》，得禪定一心，心不分散，智慧清净，八禪、四禪諸定也。

《雜定品》，入智解脱禪三三昧，空無相無願，五受陰、十想、六通，一切三昧定，隨意所入也。

《三十七品》，四念住、四正懃、四如意、五根、五力、七覺、八正也，四諦苦、集、滅、道，三界所斷也。

《雜品》，四沙門果，五陰、六入一切凡夫法。四無色、四顛倒、六十二見、五邪見、三界係相應法不相應法，自地煩惱心、心數法等義。

隨相論

《隨相論》，德慧法師作此《論》，解四諦所係成十六諦，謂無常、苦、空、無我，各有四，兼本四諦，成十六也。隨其苦、集、滅、道相，分而解其義，謂《隨相論》也。然其間所論三界見修所斷，欲令修習人上呢個正見正信，近正師、求正教、得正聞，如正修、成正定、得正道、證正果，然後起大悲心，入鄽垂手利有情也。

婆須密菩薩集論

邑　七卷

《婆須密菩薩集論》，十卷。

一、師子月如來示現，於佛會中，先爲長者子，後出家，名婆須密也。集佛所説偈而作此《論》，十一品十四犍度，分別藴聚，成就定境耳。

《聚犍度首》，一明色相四大所聚，現此相也。

《聚二》，口是口行者，身非身行，口與口行無異也。

《聚三》，心、心法因緣，不思惟緣心、心法也。

《聚四》，過去未來受亦不樂不苦也，云何得知？我苦我樂等。

二、《聚五》，佛説四事攝人，更相共攝也。

《聚六》，不可食彼食，以何等故？佛説不可食也。

《聚七》，我以佛眼觀彼衆生利根鈍根也。

已上《聚犍度》中七品義也。

三、《心犍度首》，心意執持，不去乎手，心自然持也。一心，一一心，緣心，境界心，相應心，顛倒不顛倒心，一切諸心等也。

四、《三昧犍度》，賢聖來集佛會，有二緣，或論經，或默然也。

《天犍度》，論三十三天快哉善生處也。此二度皆修定境也。

五、《四大犍度》，論地水火風四大相生相因相緣，造作成物也。

《契經犍度》，佛經中説四沙門果等聖賢修進，有自利利他。

六、《更樂犍度》，欲中染著樂，現世無事樂，此二樂不應學也，更樂爲二嵎，更樂習爲二嵎，痛癢處中其義云何？

七、《結使犍度》，垢穢隨顛倒不顛倒，及六十二見，乃至一生、一住、一滅，九結、十使義等。

華 三經

婆須密集論

八、《行犍度》，不以究竟盡諸行，不得羅漢，及一切行也。

《智犍度》，修四禪、四果、四諦諸行相定也。

九、《見犍度》，諸法因緣，一切諸行，各各自因自果也。

《根犍度》，五識身境界，四意止而迴轉及諸根也。

《偈犍度》，盡形壽愚癡謂無勢力知善語、惡語。盡形壽智慧，近善人，聞善法也。

《偈犍度》，革囊盛糞義，愚所樂也。

十、《偈犍度》，不能渡生死流，復不能渡有想無想一切。

《有犍度》，謂十二入、十二因緣，是一切有也。

《集犍度》，等覺一切智，十力、四無畏等也。

三法度論

《三法度論》，尊者世賢造，釋僧伽先所撰本也。德惡依三法爲標，一法中作三真度，成九也，其論三卷。

上、《德品》，覺德則善勝法也。三施、三歸、三相、三根、三修，三種契經，三種師弟子，三功德，三衣，三種伏根，三假名，俱説三真度。

中、《惡品》，惡者，惡愛無明。當知是惡行善行故。身、口、意惡行，三種爲惡根，惡人所行也。殺、盜、淫又爲三根本惡也，云云。

下、《依品》，已説德及惡，云何爲依？所謂依者，陰、入、界，此三是依。可依説依，可依者，是立義作依行德及惡，知此是德、惡所依也。

入阿毗達磨論

上、犍度阿羅漢造斯《論》，謂聰慧者，於如來聖教具足聞持，劣慧者聞對法藏中名義稠林，便生怖心。今於法相海中，作此論，令其易入也。自色心起，解其根境所偶一切名相，令了成定。

下、欲取、見取、戒禁取、我語取，此四爲種，一切諸煩惱還自此而波浪無邊，汩没有情，墮死生流，無有休息也。

成實論

《成實論》，十六卷，訶梨跋摩尊者造斯《論》，明佛三藏中真實妙義，成就一切正見，破諸邪妄。

夏 八卷

一、《佛五具足品》，戒、定、慧、解脱、知見具足也。

《十力品》，是處非處智力等也。
《四無畏品》，漏盡説障法諸苦盡道等也。
《十號品》，如來、善逝、世尊等也。
《三不護品》，身、口、意，佛無不净，故不護也。已上佛寶也。
《法寶三善品》，入時、行時、出時，於佛法無不善也。
《衆法品》，我法能滅，能到涅槃及一切法也。
《十二部經品》，修多羅乃至提舍等也。
《清净品》，戒、定、慧、解脱、知見，五品皆净也。
《賢聖品》，四果人是也。
《福田品》，斷盡煩惱，能爲福田也。
《吉祥品》，佛法僧爲天上人間最吉祥也。
二、《立論品》，廣造斯論，佛不自論也。
《論門品》，一世界門，二第一義門也。
《讃論品》，習此論者，得智人法也。
《四法品》，愛語、布施，利行、同事也。

《四諦品》，苦、集、滅、道也。
《聚品》，習此論通達一切心、心法聚等也。
《有想品》，有言，三世無一切有。有云，一切無心不相應等也。
《無相品》，若謂陰、界、入，有相即是無相也。
《二世品》，若實有過去未來法，即是無也。
《一切有無品》，有云一切法有，或云一切法無，有無二法，即一切法而中也。
三、《有中陰品》，或説有説無，和合時見有也。
《無中陰品》，若計有即顯無也。
《次第品》，有説次第見四諦，有云一時見也。
《退品》，有云阿羅漢退也。
《不退品》，有云不退也。
《心性品》，人心性本浄，以客塵故不浄也。
《相應不相應品》，諸心使有云相應，有云不相應也。
《過去業品》，有云過去未受也。
《辨三寶品》，有云佛在僧數，在四衆也。

《無我品》，實無我法，人謂有也。
《有我無我品》，實言有即無，若言無即有也。
《色相品》，實論實名四諦也。
《色明品》，色，四大所成也。
《四大假名品》，無實體故名假也。
《四諦實有品》，謂堅、濕、熱、動爲性也。
《非彼證品》，四大性非有情證也。
《明本宗品》，四大性與色法，非一非異也。
《無堅相品》，四大體無故，性空故。
《有堅相品》，能成一切物故。
《四大相品》，各有其相也，火有焰，水有波，風有動也。
四、《根假名品》，六根等皆假也。
《分別根品》，各有功用也。
《根等大品》，從五大所生也。
《根無知品》，塵非根能知也。

《根塵合離品》，識生其中，明合離也。
《聞聲品》，示語則不聞也。
《聞香品》，香物相續生香也。
《覺觸品》，不到可知遠住也。
《意品》，念念生滅法，則無去相、無住相也。
五、《根不定品》，諸根定耶不定耶？
《色入相品》，青黄等色名爲色入也。
《聲相品》，不説因聲成大也。
《香相品》，衆香合故，其香異本也。
《味相品》，甜、酸、鹹、辛、苦、淡也。
《觸相品》，堅、軟、輕、重、强、弱、冷、熱、澀、滑等也。
《立無數品》，心、意、識，體一而異名也。
《立有數品》，心異、心數法異等也。
《非無數品》，心心差别名數也。
《非有數品》，以相應故，有心數法也。

《明無數品》，若識若覺，是諸相等也。
《無相應品》，心與誰相應也。
《有相應品》，受是神識心依之，以相應故。
《非相應品》，此識依止是受也。
《多心品》，心爲一爲多？心是一，隨生故多也。
《一心品》，知心於五根窟中動也。
《非多心品》，爲種種業取色聲也。
《非一心品》，心一爲貪等長污等也。
《明多心品》，心一用爲多業也。
《識暫住品》，心爲念念滅，爲少時住也。
《識無住品》，念念不停也。
《識俱生品》，諸識爲一時生，爲次第生也？
《識俱不生品》，念念諸識，眼識等俱不見生也。
六、《想陰品》，取假法相，名想也。
《受相品》，苦樂不苦樂也。

《行苦品》，衣食等物，皆是苦因也。
《壞苦品》，無常壞時生苦也。
《辨三受品》，苦受、樂受、不苦不樂受也。
《問受品》，是人受樂受時，如實知我受此樂受否？
《五受根品》，樂根、喜根、憂根、捨根等也。
《思品》，何等爲思？願求爲思也。
《觸品》，識在緣中，是名爲觸也。
《念品》，心作發名念，此念是作發相也。
《欲品》，心有所須，是名欲也。
《喜品》，心有好樂，是名喜也。
《信品》，未自見法，隨聖賢語，心得清净，是信也。
《勤品》，心行動發，是名勤也。
《憶品》，知先所更，是名憶也。
《覺觀品》，心散行數數生起，是名爲覺。散心小微，則名爲觀也。
《餘心數品》，若不得善，或邪行善，名放逸也。

七、《不相應行品》，得不得無想定、滅盡定也。
《業相品》，身、口、意、善、惡也。
《無作品》，因心生罪福，睡眠悶等也。
《故不故品》，故作業，有不故作業也。
《輕重罪品》，地獄業重，餘輕也。
《大小利業品》，成正覺，大業也。四沙門果，小利業也。
《三業品》，善、不善、無記，三業也。
《邪行品》，身、口、意，三邪行也。
《正行品》，身、口、意，三正行也。
《繫業品》，三界各有繫業也，所繫各各不同也。
八、《三報業品》，生報、現報、後報也。
《三受報業品》，樂報、苦報、不苦不樂報也。
《三障品》，業障、煩惱障、報障也。
《四業品》，黑業、白業、黑黑白白業、不黑不白業也。
《五逆品》，殺父、害母、殺阿羅漢、破和合僧、出佛身血也。

《五戒品》，殺、盜、淫、妄、酒也。
《六業品》，六道報果業也。
《七不善律儀品》，改惡爲善業也。
《八戒齋品》，則八關也。
《八種語品》，四種不净、四種净，見言不見也。
《九業品》，三界各三種繫業，身口意所造成九也。
《十不善道品》，則十惡業也，一切有情所習也。

東 八卷

成實論

九、《十善業道品》，轉十惡成十善也。
《過患品》，以不善業受地獄苦也。
《三業輕重品》，身、口、意，何爲重也。
《明業因品》，因生業生，因滅業滅也。
《煩惱相品》，心行名爲煩惱也。

《貪相品》，欲貪有貪也。

《貪因品》，邪憶念中生色等欲也。

《貪過品》，凡夫顛倒，受欲無限厭也。

《斷貪品》，習不净觀也。

《嗔恚品》，若嗔此人，欲令失滅也。

《無明品》，我心生即無明也，由無明故，一切惡法起也。

十、《憍慢品》，邪心自高，名慢也。

《疑品》，於實法中，心不决定也。

《身見品》，於五陰中生見，名身見也。

《邊見品》，或斷或常，名邊見也。

《邪見品》，於實有法而生無心，名邪見也。

《二取品》，於非實事，餘皆妄語，名見取。

《隨煩惱品》，心重欲眠，名睡。心攝離覺，名眠等也。

《不善根品》，貪、嗔等也。

《雜煩惱品》，有漏、欲漏、無明漏也。

《九結品》，貪嗔癡慢疑等法也。
十一、《雜問品》，一切煩惱，十使所攝也。
《斷過品》，無量心斷諸煩惱也。
《明因品》，煩惱爲身因也。
《立假名品》，假名心、法心、空心也。
《假名相品》，假名中示相真實也。
《破一品》，此一等四論，色等一一不名爲地也。
《破異品》，異論中離色等法也。
《破不可説品》，不可説論中無有於一異也。
《破無品》，若無則無罪福等報也。
《立無品》，諸法實無，不可得故。
《破聲品》，心念念滅，聲亦隨滅也。
《破香味觸品》，香不可取，味、觸何有也？
《破意識品》，亦不能取法也。
《破因果品》，於因、於果，了不可得。

《世諦品》，一切諸法以世諦故有也。
十二、《滅法心品》，何謂法心？云何當滅也？
《滅盡品》，泥洹是名空心也。
《定因品》，入正道三昧智也。
《定相品》，心住一處，是三昧相也。
《三三昧品》，分修三昧，共分修三昧，聖正三昧也。
《四修定品》，四禪天所修定也。
《四無量定品》，慈悲喜捨也。
《五聖三昧品》，初智、二智、三智、四智、五智，乃至四禪定修成也。
《六三昧品》，則神通境也。
《七三昧品》，七依七處，得聖智也。
《八解脱品》，觀内有色等八也。
《八勝處品》，八解中起勝也。
《初禪品》，定生喜樂也。三界九地中，漸次修習所斷而至也。
十三、《二禪品》，妙生喜樂地也。

《三禪品》，離妙樂地也。
《四禪品》，捨念清净地也。
《無邊虚品》，則空無邊處定也。
《三無色定品》，識無邊處定也。
《滅盡定品》，非非想處定也。
《十一切處品》，無所有處定也。
《無常想品》，苦想無我等十想也
《苦想品》，若法侵惱，是名爲苦，是苦也。
《無我想品》，破壞一切法，何處見有我也。
十四、《食厭想品》，一切苦生，皆由貪食也。
《不可樂品》，一切世間，皆苦心無所樂也。
《不净想品》，觀身七不净也。
《死想品》，於壽命中，心不決定也。
《後三想品》，已生惡不善，已善不生惡等也。
《五定具品》，定具及定，次説定定具。若有定具，則定可成也。

《惡覺品》，具足善覺，則惡覺不起。惡覺者，貪覺等也。

《善覺品》，惡覺既除，唯善覺也。

《後五定具品》，具善信、解、行者，好樂泥洹也。

《入息品》，十六行中，念出入息數也。

《定難品》，是空離障諸難，能成大利也。損減善根，增長不善，皆名定難，勤求捨離也。

十五、《止觀品》，則定慧因也。

《修定品》，是定中念念生滅也。

《智相品》，真慧名智也。

《見一諦品》，但見滅諦，餘諦可知也。

《一切緣品》，若智行界、入等，名一切緣也。

十六、《聖行品》，空行、無我行也。

《見智品》，正見正智，即是一體也。

《三慧品》，聞、思、修也。

《四無礙品》，法詞義語也。

《五智品》，法住智、泥洹智、無諍智、願智、邊際智也。

《六通智品》，天眼、天耳、他心等也。
《忍智品》，智能破假名，是名忍也。
《九智品》，盡智得世俗九智也。
《十智品》，法智、比智、名字智、四諦智、盡智、無生智等也。
《四十四智品》，老死智、老死集智、老死滅智、老死道智等一切智也。
《七十七智品》，生緣老死，過去、現在、未來中亦如是，是法住智觀無常有爲作起等也。

右什法師所譯《成實論》十六卷，以佛法僧、苦集滅道七法爲總，别開自如來五具足，至七十七智，計二百單二品也。小乘教中一切名言法相，無不具列。若或提唱講授，此可易檢。爲證貴談一事，剖判一法，有稽古耳。

西 十卷

立世阿毗曇論

《立世阿毗曇論》，此《論》若經之文義也，立世則建立世間一切有爲之事，如《起世經》耳。
一、《地動品》，水輪動即動，大威德天比丘神力令動亦動。此二因也。

《南剡浮提品》，佛説此樹名也，因斯立洲，形量花果生處等也。

《六大國品》，佛説，南洲因樹立六大國土，國中立王，統領一切人民也。

《夜叉神品》，佛説，洲中立山，建河遂有諸神夜叉八部等衆也。

二、《象王品》，佛説，漏闍耆利國中，有八千象王出現，爲國吉祥。

《四天下品》，須彌頂四天王世界也。

《數量品》，四大洲闊狹形量也。

《天住處品》，帝釋諸天所居莊嚴也。

三、《歡喜園品》，諸天遊樂之處也。

《衆車園品》《惡口園品》《雜園品》《波利夜多園品》，已上皆天人所修業果歡娱之處也。

四、《賴吒城品》《勒叉城品》《溥叉城品》《毗沙門城品》，此四天所居四城，園林花果，宫殿莊嚴也。

五、《天非天鬬戰品》，諸天、修羅鬬戰也。

《日月行品》，日宫、月宫所居周行也。

六、《云何品》，日月運行，分晝夜四時由旬刻秒等也。

七、《受生品》，衆生造十惡業，隨業六道中受苦果，業報事也。

八、《地獄品》，佛説，更生地獄中受苦，一切獄中惡相苦處事也。

九、《小三災疾疫品》，佛説所受劫數增減，成住壞空等。

十、《大三災品》，火、水、風能壞一切世界，有爲相物等歸於空也。

解脱道論

二 十二卷

《解脱道論》，大光羅漢造。此論欲令樂離縛者，修解脱道，聞解脱義，得涅槃樂也。

一、《因縁品》，偈云：「戒定智慧，無上解脱。隨覺此法，有稱瞿曇。」戒者威儀義，定者不亂義，慧者知覺義，解脱者離縛義，無上者無漏義，隨覺者知得義，此法者四聖法義，有稱者世尊義，瞿曇者姓義。以此解脱殊勝功德，乃至廣説解脱。

《分別戒品》，戒何相、何味、何起、何足處、何功德、何戒義戒行、戒差別、戒道戒因？云何令戒清净？謂思戒、威儀戒、不越戒，及一切戒相行也。

二、《頭陀品》，坐禪人成就頭陀功德，少欲〓知足，無疑滅愛，精進少求也。

《分別定品》，清净心不亂，正住定根定力，寂然不動，如燈無風也。

三、《分別行品》，當觀其行，欲行、嗔恚行、癡行、信行、意行、覺行等分別。
《行處品》，依止明師，觀其所行，授其觀行，則三十八禪行等義。
四、《行門品》，説一切入，則修地遍處定門境趣義也。
五、《行門品》中，四禪諸定相所修習也。
六、《行門品》中，虛空處定行相義。
七、《行門品》中，修習大安般，定心所趣等。
八、《行門品》中，所修慈心等諸定也。
九、《五通品》，坐禪人定已，成就五神通勝立也。
《分別慧品》，智慧、劍慧、根力慧、光慧、明慧等。
十、《五方便品》，陰方便、入方便、界方便、因緣方便、聖諦方便，此爲五也。
十一、《五方便品》中，分別四聖諦義相等也。
十二、《分別諦品》，坐禪人觀三有、五趣、七識住、九衆生居、成畏，常現作意等也。

阿毗曇論

京 七卷

《阿毗曇論》，如來在日，舍利弗以佛所説義造此論三十卷，以顯無比法義，令後代佛子無乖諍也。

一、《問分入品》，辨内六入、外六入，成十二入義相。

二、《問分界品》，則十八界眼界等所造所攝等。

三、《問分陰品》，則五陰相所造義也。

四、《問分四聖諦品》，乃苦集滅道義也。

五、《問分根品》，則二十二根云何用等義。

六、《問分七覺品》，念擇法喜進除定捨等覺義也。

七、《非問分界品》，色界非色界，可見界不可見界，有對界無對界，聖界非聖界，有漏界無漏界，有愛界等一切界。

背　七卷

阿毗曇論

八、《非問分人品》，凡夫人、非凡夫人、性人、聲聞人、菩薩人、緣覺人、正覺人、四果人，一切等人義。

九、《非問分智品》，正見、正智、解脱智、正覺智、邪智、聖智等一切智。

十、《非問分智品》中，退分智、住分智、增長分智、解分智等。

十一、《非問分智品》中，辨六道輪王所生非處、是處及一切處。

十二、《非問分緣品》，善緣方便善緣解有緣方便聖忍聖智，十二緣也。

十三、《非問分念處品》，獨在閑静，修四念處，除五盡，成一道也。

《正勤品》，謂四精進修習，斷惡生善也，神足也，欲定、精進定、心定、慧定，悉成就也。

十四、《非問分禪品》，因緣具足，則能得定，愛護解脱戒，成就威儀，行勇猛修習，成四禪定，一一分别義相也。

邙 八卷

阿毗曇論

十五、《非問分道品》，如來出世，説種種道，種種向道，身念處道，定慧道，有覺有觀道等。

十六、《非問分道品》中，净信一心，無覺無觀，成禪定也。

十七、《非問分道品》中，比丘心知，分别食不净相想，於揣食心，退没不進等也。

十八、《非問分煩惱品》，斷惡法得善法，斷苦法得樂法，廣説不善法。

十九、《煩惱品》中，内集内法中欲染悲怖望難滿難足貪等也。

二十、《煩惱品》中，十煩惱，十煩惱結，一一分别其相，分義趣等。

二十一、《攝相應分攝品》，一切攝非攝法，若立攝門，攝一切法也。

二十二、《分攝品》中，色苦諦係法，幾陰界入攝，集、滅、道諦，於陰界入幾攝，非不攝。

面 二經

阿毗曇論

二十三、《攝相應分相應品》，七十一相應門，五識界各十二，二識界各六十，身觸十三，心觸名觸等，一切相應法義。

二十四、《緒分遍品》，十緣正法門遍緒七轉十行，解一切法等入十緣，謂因無間境界依業報起異相續增上已，此緣次第分別。

二十五、《緒分遍品》義中，分別相續緣、業緣等。

二十六、《緣分假結品》，若人眠没見疑戒道結中，一切結也。

二十七、《行品》《觸品》《分別心品》《十惡品》《十善分定品》，已上諸品，則見品名，其義可知，蓋前大部中無不標顯也。

二十八、《分定品》義中，學除心行出息入息、粗心細心等。

二十九、《分定品》中，共明想定，謂火光、日月星光、珠光，取諸光明相成定。

五事婆沙論

《五事婆沙論》，二卷。

上，法救聖者造斯論，一自性事，二所緣事，三繫縛事，四所因事，五攝受事，此五事也。事者，法也。以此如縷繫花莊嚴身首，貫此義花莊嚴心慧故。

《分別色品》，謂色法是粗相，就此令易習，破粗入細戒定也。

下、《分別心品》《分別心所法品》，此二卷止三品。前論色法，此二論心及心所法。一切法皆色、心爲首，若了此二，則心所有法亦不可得。

鞞婆沙論

洛 八卷

《鞞婆沙論》，十四卷。

一、與前《大婆沙論》同本，此略也。皆立八犍度，謂種種不相似，立雜犍度也。説結立結，説智立智，説四大立四大，説根立根，説定立定，説見立見等入犍度也。甚深智微妙法性，一切智境界，誰有此界？無餘唯佛也。

《三結品》，身見戒、盜、疑，此三爲邪根。

二、《三不善品》《三有漏處品》《四流處品》《四受處品》《四縛處品》，此卷五品，見品名可見其義，前大部已標也。

三、《五蓋處》《五結處》《五下結處》《五上結處》《五見處》《六身愛處》《七使處》《九結處》等品，可見義分也。

四、解十門大章，《初二十二根品》義。
五、十八界處義門等也。
六、《十二處》《五陰處》《五盛陰》《六界》等。
七、《色無色法處》《可見不見法處》《有對無對處》《有漏無漏處》《有爲無爲處》《三世處》《善不善無記處》《學無學非學非無學處》《見斷思惟斷不斷法處》。
八、《四聖諦處》。
已上品目，思之照前義也。

浮 二經

鞞沙論

九、《四聖諦處》餘品義也。
十、《四禪處》定境義。
十一、《四等處》定境法。
十二、《四無色處》《八解脱處》《八除入處》《十一切處》等定義。
十三、《八智處》《三三昧處》定等。

十四、《中陰處》《四生處》。

已上四十二品義，同前大部也。

三彌底部論

《三彌底部論》，三卷。

上、三彌底者，此云正量也。於佛法正量部中，而作是論，明生死報業受生義也。人臨欲死時，成無記心，以何業往生？有業記心，或業往惡道。無惑記心，白業王善道。若眠、若悶，若無心死，行制故往業道。

中、若我定異陰者，陰壞時人不滅，應憶過去世時事。只應此人不應有異人，而輪轉生死，無有絶時，除得涅槃也。

下、生陰處，捨五陰受中陰，佛語舍利弗：「我知人往地獄，亦知往地獄道，如記調達入地獄，記都提婆羅門生畜生，記姑羅柯生餓鬼，記給孤獨生天，記護法王生人處。」佛記如是，故知人死隨善惡業受生也。

渭　六經

分別功德論

《分別功德論》，五卷。

一、此論分別如來所説教法功德，及佛滅後結集功德也。迦葉思惟經法，言教甚多，八萬四千香象載之。比阿難所聞所知，粗可略分耳。即名犍稚集聖衆，命阿難等結集也。結爲三藏，其法甚深。佛云：「過去修羅王立海到膝，兒見乃云淺海也。求下乃没，王即出之。王者我也，兒者汝也，前世如是。」乃論生世龍佛四不思議也。

二、善哉彌勒稱其六度大法集，爲菩薩藏。阿難但云我聞，不云我見等義。

三、佛令弟子具知念佛，觀佛形象，目不暫捨，心念無已。

四、念佛念法等，十念佛，弟子各各第一者，佛爲四衆説其義，令各歡喜。

五、自難陀比丘端正第一，已次諸弟子各稱第一論本起也。

四諦論

《四諦論》，四卷。

一、論佛説四聖諦因緣義，乃初苦諦入義也。

二、《集諦義品》分義也。

三、《滅諦行相義品》分也。

四、《道諦行相義品》分也。

辟支佛因緣

《辟支佛因緣》，二卷。

上、波羅國王輔相蘇摩月愛大比，此三皆悟辟支佛緣夙因。

下、王舍城長者，波羅國王月出，舍彌國王大帝，波羅奈國親軍，輪王小子，已上六緣，皆夙世佛所種善根，悟辟支佛爲説之。

異部宗論

《異部宗論》，一卷。

邪報異論

《邪報異論》，一卷。

十八部異執論

《十八部異執論》。

已上三《論》，皆天友尊者造，各譯成三也。明佛滅後，教法異執，各成其部，如大衆部、上座部、一説部、出世説部、灰山住部、多聞部、分別説部、支提山部、北山部、一切有部、雪山部、可住弟子部、法上部、賢乘部、正量部、密林部等也。然雖各執其部，所宗至旨，皆讚佛乘。亦殊途同歸，一致摸象義在。

右聲聞小乘對法藏論，總三十六部，計六百九十八卷，共七十三帙。其間重譯者多，今逐一指其根實，俾開藏者易見先賢用心，弘如來教道，有如此者也。

大藏經綱目指要録卷第八

東京法雲禪寺住持傳法佛國禪師　惟白　集

……據涇。宫殿盤欝，樓觀飛驚。圖寫禽獸，畫彩仙靈。丙舍傍啓，甲帳對楹。肆筵設席，鼓瑟吹笙。陞階納陛，弁轉疑星。右通廣内，左達承明。既集墳典，亦聚群英。已上五十八函。

聖賢傳記：如來滅後，西天此土聖賢弟子所操集也。於中或有譯者，乃竺國傳來。然皆稱讚佛德，助揚玄化，明法正理，顯正摧邪。高僧行實，王臣弘護，靡不書之，乃千載玄鑒耳。

據　十二卷

佛所行讚

《佛所行讚》，五卷。

一、馬鳴菩薩作此讚。從佛生至入滅，一一成頌讚之，揚佛聖德也。

《生品》，讚佛生吉祥相也。
《處宮品》，讚佛王宮受樂也。
《厭患品》，讚佛厭離生死，慕出家也。
《離欲品》，讚佛不受五欲樂。
《出成品》，讚佛逾城出家，向雪山之相也。
二、《車匿還品》，讚佛令馬衣髮還王宫也。
《若行林品》，讚佛食馬麥食麻修苦行也。
《合宫憂悲品》，讚佛已出家，王宫人悲惱也。
《推求太子品》，讚王求太子，今在何處也。
三、《王詣太子品》，讚王聞佛成道，將詣佛所也。
《答王品》，讚佛答王問訊恭敬也。
《二仙品》，讚見佛來歡喜也。
《破魔品》，讚佛降伏衆魔也。
《菩提品》，讚佛已成等正覺也。
《轉法輪品》，讚佛轉正法輪度人也。

四、《弟子品》，讚佛度諸聖弟子也。
《大弟子品》，讚佛已度瓶沙王及大弟子出家得道也。
《給孤獨品》，讚佛化長者布黄金地也。
《父子相見品》，讚佛與浄飯王相見也。
《祇洹品》，讚佛於此度無量衆也。
《醉象調伏品》，讚佛慈行，調伏醉象也。
《摩羅女品》，讚佛爲説法，不起欲愛心而厭女身也。
五、《神力住壽品》，讚佛以神通智力慧命而常住世。
《離車辭别品》，讚佛入滅三月後却來也。
《涅槃品》，讚佛示涅槃相也。
《大涅槃品》，讚佛最後受純陀供，度跋陀羅也。
《歎涅槃品》，佛入滅時，有一天人，讚歎爲諸天説無常偈也。
《分舍利品》，讚佛聖自火焚，諸天、諸龍、諸神、諸王各分舍利供養。

佛本行經

《佛本行經》，與前同本異譯，今略標品，照前也。

一、《因緣品》《歎如來品》《降胎品》《佛生品》《占相品》《决疑品》《入譽論品》。

二、《遊宫品》《憂懼品》《樹蔭品》《出家品》《車匿品》《王問品》。

三、《爲瓶沙王説法品》《不然阿藍品》《降魔品》。

四、《度五比丘品》《度寶稱品》《廣度品》《大神變品》，一一成讚。

五、《爲母説法品》《憶光品》《維耶離品》《歎定光佛品》《降象品》《勸捨壽品》。

六、《調達入地獄品》《現乳哺品》。

七、《大滅品》《歎無爲品》《八王分舍利品》。

已上諸品，皆是同前部，頌小異也。

百緣經

一、滿賢婆羅門遥請佛，名稱女請佛，難陀見佛，五百商人入海採寶，貧人須摩持線上佛，婆持加困病，王家守地人花散佛，二梵志各諍勝如來，度二王出家，長者七日作王。已上十種因緣，佛現在事。

二、船師請佛，度水觀頂王請佛，法護王請佛，洗浴佛，救濟度病，天帝釋供養佛，現帝釋形，化婆羅門，乾達婆王，此云尋香行，作樂讚佛，殺生人如願當死求出家，頻婆羅王，此云影堅請佛，帝釋變竹林園等。

三、化生王子成辟支佛，小兒散花供佛，女人以金輪擲佛，老母善愛慳貪，含香長者請佛，船師請佛，僧過水，婢使以旃檀香塗佛足，貧人拔提施佛，燋木作樂供佛成辟支佛，劫賊惡奴緣。

四、蓮華王捨身作赤魚，梵豫王施婆羅門穀，尸毗王剜眼施鷲，善面王求法，梵摩王太子求法，婆羅門從佛索債，度五百力士，免燒身供仙人，法護王子爲母殺劫賊樓陀。

五、富那奇墮餓鬼，賢善長者婦墮餓鬼，惡見不施水墮餓鬼，盤頭羅墮鬼身臭，目連入城見五百鬼，優多羅母墮餓鬼，生盲餓鬼，長者若達多慳貪墮餓鬼，鬼自生還噉五百子，閻婆羅似餓鬼。已上十緣，皆餓鬼業報因緣也。

六、長者賢面慳貪受毒蛇身，月光兒生天緣，採花供佛生天，功德意供塔生天，須達多乘象勸化，鸚鵡子王請佛，王遣使請佛，命終生天，佛度水生天，二梵志同受齋，五百雁聞佛十方等緣。

七、身作金色，身有旃檀香，有大威德，有大力，爲人所敬，頂上有寶蓋，長者子妙聲百子同産，頂上有珠，布施佛幡，皆前緣所修。今生出生，現相出家。

八、寶珠比丘尼生時光照城内，善愛比丘尼生有自然食，白净比丘尼衣裹身生，須漫比丘尼辯才，舞師女作比丘尼，伽尸比丘尼生時身被袈裟，比丘尼額有珠鬘，差摩比丘尼生時二王和解，波斯匿王醜女盜賊人緣。

九、海生商主須摩花衣隨身，寶手比丘、三藏比丘、耶舍密多化生比丘，衆寶莊嚴罽賓寧主、拔提國王作比丘，佛度王子護國出家等緣。

十、須菩提惡性長老比丘在母胎六十年，兀手比丘、梨軍支比丘唱言生死極苦，長者身體生瘡醜陋，比丘恒伽達、長爪梵志、孫陀羅端正等因緣也。

出曜經

宫 十卷

《出曜經》，三十卷

一、此經因緣如《阿含經》，亦多出彼部中。所云出曜者，以一切有情在生死長夜，昏沈睡眠，不覺不知。佛憫此衆生，出現爲作光明，以曜衆生心，自令其覺悟，故首標《無常品》，令國王、大臣、人民、外道，悟一切有爲法皆歸無常也。佛説彌勒成佛，讓佉王治化，迦葉、阿難等受囑結集等緣。

二、《無常品》中，偈云：「如何决流，往而不返。人命如是，遊者不還。」

三、《無常品》中，一切長者外道人，來至佛所，悟無常法。

四、《欲品》，佛説一切淫欲因緣，一切所貪欲人，死入地獄等。

五、《愛品》，佛説貪愛人若不修止觀，從此便沈染無休一切愛緣。

六、《無放逸品》，佛説，正念常興起，所欲事不成則清净。

七、《放逸品》，佛二仙處學定，超勝彼放逸人。尚如此，我定得成佛。

八、《念品》，念喜生、憂生、畏生，若無所念，何憂、何畏對治也？

九、《戒品》，慧人護戒，持戒者安慧爲人寶，遂説一切戒法能持人也。

十、《學品》，護身惡行自正，身行護身惡者，修身善行。佛説，人若自知内心過，身外惡，而能修習善法也。

殿　十卷

出曜經

十一、《誹謗品》，佛在祇園，有異比丘，呵制如來。佛言：「此非但呵制我，已曾呵制過去佛。」

十二、《信品》，信戒、信慚，信佛、信法、信僧，信一切善法。

十三、《沙門品》，偈云：「截流而度，無欲如梵。知行已盡，逮無量德。」乃所證也。

十四、《道品》，吾已説道，除愛固刺，宜以自勖受如來言。

十五、《利養品》，佛誡比丘，不得貪著名聞利養，妨修進道學。

十六、《忿怒品》，佛戒比丘，不得諍竟鬬駡，六和義聚。

十七、《惟念品》，出息、入息、安般、不净觀，比丘當善觀察修習。

十八、《雜品》，佛令比丘常自悔昔所造過惡，增長善法。
十九、《華品》，佛説，欲種德華，須得擇地。若無好地，花不生也。
二十、《恚品》，佛言，除恚及憍慢，超度諸結使，一切貪癡、諸惡邪見，自然不生也。

盤 十卷

出曜經

二十一、《如來品》，佛出現世間，説法利樂有情。諸有不信者，因説商人入海，念佛免羅刹難。
二十二、《廣演品》，雖誦千章，不義何益？寧聞一句，解可得道。
二十三、《泥洹品》，佛言，比丘攝意，如龜藏六。若不如是，被打首也。
二十四、《親品》，親善不親惡也。
《觀品》，觀己過惡，莫見他過也。
二十五、《惡行品》，諸惡莫作，諸善奉行，佛誡去惡修善也。
二十六、《雙要品》，夜虫光更在幽冥，如來出現，千日光照及大千界。
二十七、《樂品》，佛説，人無勝負心，自然快樂，安樂無惱也。

二十八、《心意品》，佛出世，令人降伏心意，去其穢惡心意，招致衆禍本也。

二十九、《沙門品》，佛説，比丘乞求，自足而已，不須畜積也。

三十、《梵志品》，若見侵欺，但念守誡。端身自調，是謂梵志。已次佛説梵志所修所行。

然此部經，是高僧在外國誦歸流布。

賢愚經

虧 十三卷

《賢愚經》，高僧慧覺等八僧，遊方同道，至于闐國，遇大會。五年在彼，歸至高昌國，各隨所聞、所記，集成此一部十三卷。以佛出世清浄正眼，分別賢愚善惡。過去因地修行，遇賢遇愚，故此云也。賢即衆善，愚即衆惡。

一、夜叉説偈，王身挂千燈，濟鷹飼虎。爲王太子，求法入火等縁。

二、醜女、金財、花天、寶天、波梨、慈力王、降六師，已上七因縁。

三、鋸陀身、微妙比丘尼、阿輸伽陀施、上七瓶金施、差摩現報、貧女難陀。

四、摩訶斯陀優夷、尸利毗提，此二種因縁。

五、沙彌守戒自殺、長者無眼耳舌、貧人夫婦施氎現報、迦旃延教老母賣貧、金天緣、重姓緣、散檀寧，已上七因緣。

六、月光王施頭緣。

七、大劫賓寧、梨耆彌七子，設頭羅健寧三十二子等四緣。

八、蓋事因緣，大施抒海緣，此二緣起也。

九、净居天請佛洗浴，善事太子入海，及如來因地修菩薩緣起也。

十、阿難總持，優婆斯兄所殺緣，兄誤殺父，給孤造寺，六師與舍利弗鬪勝，發上心緣，勒那舍耶迦毗梨百頭等緣。

十一、無惱指鬘、檀膩羇緣。

十二、摩頭羅世質、檀彌離、象護、波婆離、鸚鵡聞四諦。

十三、雁聞説法生天、堅誓師子、梵志施佛衲授記、佛説起慈心緣、頂生王、曼女十子緣、婆世躓、優波毱提、注水中虫、沙彌均提。已上共五十緣，其緣如《百緣經》《出曜經》。前諸部大小乘經律論中，亦多出引證，詳之。

婁 三經

修行道地經

《修行道地經》，七卷。

一、佛滅後七百年中，尊者衆護作此經。謂十善可修，十善可行。若能修能行，至無爲之道，證其大士地位也。

《集散品》，攝散亂生死心歸清净性也。

《五陰本品》《五陰相品》《分别五陰品》《五陰成敗品》，此四品皆談五陰也，是知爲生死之根本耳。

二、《慈品》，若無慈心，不能修行也。

《離恐怖品》，若戒行清潔，自無畏也。

《分别相品》，分别一切善惡相，須當智火燒苦惱薪也。

三、《勸意品》，修行人自正其心也。

《離顛倒品》，若離此即正見也。

《曉了食品》，雖百味粗細，乃一飽也。
《伏勝諸根品》，調攝根境也。
《忍辱品》，若不忍辱，不能修行。
《棄加惡品》，雖加惡言，不起嗔也。
《天眼品》《天耳品》《念住品》《知人心念品》《地獄品》，已上諸品，見品則見其義也。
四、《歡悦品》，修行人心自念「我得善利，脱八難苦」，生欣悦也。
《行空品》，修行者有吾我想，不入於空，非真修行，須入真空也。
五、《神足品》，修行成定，得神力也。
《數息品》，消有漏得無漏也。
六、《觀品》，修行人入深觀境，破彼根塵也。
《學地品》，修行人須學世間一切咒術法，破邪見也。
《無學地品》《無學品》，二品義可思而知。
七、《三品》《弟子品》，喻如一父而有三子，各自性行不同。父須教約，令其孝順，成其家業。
三子喻心意誠，令成定智慧也。
《緣覺品》《菩薩品》，謂修行人，始自集散亂心，觀五陰，攝六情，破千惡，修十善，成觀行，得定智神力，或爲緣覺，或爲菩薩也。

道地經

《道地經》，安息國三藏譯，前大部中出，同本。

僧伽羅刹所集

《僧伽羅刹所集》，三卷。

上、梵云僧伽羅刹，此云衆護也。尊者既集《修行道地》，復集此稱揚。如來爲菩薩時，修慈悲喜捨四心，弘濟有情，遂得成佛也。

中、説佛夙願力故，欲利衆故，成道已來，隨處轉大法輪，利樂人天。有無量衆生見佛聞法，聞佛知佛，皆獲益也。

下、説佛演其道迹，如王大道，行者必至。佛法涅槃路，有能修行者必至。鴦掘遇惡作惡，遇佛成佛，可知也。

菩薩本緣經

《菩薩本緣經》，三卷。
上、如來因地爲輔相子摩羅拏，爲國王一切施，爲太子一切持緣。
中、太子一切持、善吉王、月光王，皆如來因中行菩薩行。
下、如來因中，爲兔、爲鹿、爲龍三因緣等義。

百喻經

《百喻經》，四卷。
一、僧伽斯那撰。此百種喻外道邪見比丘破戒，俗不施、不習大乘、不求小果，俱失也。愚人食鹽，愚人集牛乳，婦詐語稱死，渴見水，子死停家中，認人爲兄，歎父德行等二十一喻。
二、入海取沈水、水火、爲婦貿鼻，牧羊人、顧借瓦師等二十喻也。
三、估客駝死、磨大石、飲食半餅等二十四喻。

四、口誦船師法而不解用，婦夫食餅共爲要，共相怨害喻。乃至小兒得大龜等三十五喻，最爲密喻也。

菩薩行門諸經要集

《菩薩行門諸經要集》，三卷。

上、《象腋經》《決定業障經》《維摩經》《如來智經》《義諦品經》《般若經》《法界品經》《寶鬘所問經》《法師品經》《決定毗尼經》《清净毗尼經》。

中、《海慧所問經》《樂嚴經》《巧方便經》《勝積經》《如來藏經》《上勝毗尼經》《伏魔經》《富那問經》《寶童子經》《寶積經》。

下、《虛空藏經》《如來境界經》《阿闍世王經》《離垢所問經》《文殊所問經》《遍照經》《菩提經》《寶聚經》《那羅延經》《一切功德經》《密嚴經》《梵網經》《佛所念經》《法集經》《阿差末經》《集會經》《郁伽長者經》《具戒品經》《深密經》《勝鬘經》《無邊門經》。已上四十二經，節要辯明如來因中行菩薩行，廣行六度妙行，集出令人依此修習，成佛果也。

付法藏傳

《付法藏傳》，六卷。
一、如來、迦葉二因緣等。
二、阿難尊者、商那和修二因緣也。
三、優波毱多弘道行法。
四、耶舍尊者化阿育王等緣。
五、提多迦、彌遮迦、婆須密、難提、伏馱、脅尊者、富那、馬鳴、迦毗摩羅、龍樹等緣。
六、提婆、羅睺羅、僧伽難提、伽耶舍多、鳩摩羅多、闍夜多、婆修盤頭、摩拏羅、鶴勒那、師子尊者等緣。

坐禪三昧經

《坐禪三昧經》，二卷。

上、坐禪人先至師所，師問，一一於戒法無所犯，絶諸過惡，然後授與禪法。先對治貪嗔癡、妄想、惡覺，作五停心等觀，除邪念故。

下、坐禪人雖得一心，而未成定力，猶爲欲界煩惱所亂。當作方便呵除，漸以修習四禪八定，消滅三界苦本，成道。

惟曰雜難經

《惟曰雜難經》，説如來爲菩薩，所修三十四意調、四諦、十六意、十八行不共，一一分別解説其義。自因地至出現，示諸因緣利生等事法也。

四品學法

《四品學法》，德學真學爲上品，具戒學承法爲中品，卑戒依福學爲下品，不持戒但行三歸爲外品，故云四品也。

呵色欲法經

《呵色欲法經》，女色者，世間枷鎖，世間重惡，世間衰禍。凡夫戀著不捨女人，其言如蜜，其心如毒。一切過惡，因此而生。唯智士不被其惑也。

治意經

《治意經》，佛言，安般守意，立身立意。意已正意，行戒行禪行空，定意時時以法觀，得入正念，成禪定也。

治身經

《治身經》，獨坐一處，但當正意。一坐一卧一行，得能勝身。已勝身、爲身身、自在身、無有過身、受戒身、隨法行身等義。

迦葉赴佛涅槃經

《迦葉赴佛涅槃經》，在山中説法，集諸弟子，六比丘同夕得夢不祥，即下山，逢外道，已將花來云佛滅度，即詣棺所悲惱也。

力士哀戀經

《力士哀戀經》，金剛力士見佛滅度，悲哀懊惱，作如是言：「如來捨我，我今日後無歸依處，毒箭深入我心。」無量言詞，無量哀惱，至誠哀切如來圓寂也。

佛説醫經

《佛説醫經》，佛言，人身有四病：地、水、火、風。以此四大，四時不調，貪染世間一切惡欲，無有休止，乃成病惱。若能持戒修行，精進爲道，修習禪定，其病自無耳。

佛使迦旃延説法没盡偈

《佛使迦旃延説法没盡偈》，「人年纔壽百，正法之光明。在世不久没，正法已滅盡。比丘衆迷惑，常捨諸經法。聖賢之所講，反受雜文章。廢損佛所説，更互相求短」等，百二十偈，義意苦切誠也。

驚　二經

雜寶藏經

《雜寶藏經》，十卷。

一、十奢王王子肉濟父母，鸚鵡供育父母，棄老國忉利天六緣。

二、六牙白象，兔自燒身，善惡獼猴，智水滅三火，長者子，迦尸國王弟諫兄，孝行聞天子，梵摩達夫人，已上八因緣。

三、兄弟二人俱出家，仇伽離謗舍利弗，龍王偈，提婆達毀傷佛，共命鳥，白鵝王，大龜，二輔相讒構，山雞王，吉利鳥，老仙二估客，八天次第問法等十二緣。

四、貧人麨團施佛，貧女兩錢施，乾陀爲畫師設食，夫婦自麥救蟻子，長命國王治塔寺補寺壁孔，見佛求長命，客作設會施佛鉢食，愛道施衣。

五、供迦葉佛塔，八戒齋生天，燃燈供佛，華散成蓋，供養佛塔，作浮圖禮佛，作齋施氈，金錢顧持五戒，掃地見佛，甘蔗施羅漢，香塗佛足，造佛講堂，買客造舍等二十四因緣現獲報。

六、帝釋問事，陳如等説往日因緣。

七、珠施佛，出家止佛足血，波旬來惱，利養灾患，賊見佛生天，刖手足人念佛，波斯匿王遣人請佛，兄勸弟奉佛，父逼子出家，驅毒龍入海等緣。

八、夫婦惡心向佛，難陀佛逼出家，力士化賊，輔相聞法離欲，外道投火，聚雁聽法，醉象緣。

九、解王八夢金貓緣，惡生王得五百鉢緣。

十、優陀羨王，羅睺羅，老婆羅門謟僞，婆羅門婦欲姑，烏梟報冤，婢鬪羊等因緣。

那先比丘經

《那先比丘經》，二卷。

上、象王聞法，其前世同修行，各發願。後一爲彌蘭王，一爲出家比丘名那先。其比丘與象同日生，父母安名那先，以天竺象名也。彌蘭初不信佛法，那先往化。王問佛法，又問世法，比丘曰：「請王先問。」王曰：「我以問了。」那先曰：「已答王了。」王曰：「汝何語言答也？」那先曰：「王何所語言問？」王曰：「朕無所問。」那先曰：「臣無所答也。」

下、王復問曰：「人欲作善，當前作之，當後作之？」那先曰：「當居前作之，在後作之不益。人如渴時，掘地作井求水。」種種説法也。

禪法要解

《禪法要解》，二卷。

上、學禪人先持净戒，然後作不净觀、停心觀，種種觀察，成其定境。

下、坐禪人求虛空定時，當念色爲一切衆苦具本。觀其五陰，如病如癰，如瘡如刺。若空無我，一切觀想。

達磨多羅禪經

《達磨多羅禪經》，二卷。

上、佛陀三藏譯。謂三業之興，禪智爲宗。禪非智無以窮其寂，智非禪無以深其照也。得其道者，自迦葉、阿難以降，達摩多羅、佛大先二聖師也。佛陀親傳，故標名耳。

《安那般那分》，修行有方便道、勝道故，故此二門甚深微妙也。

《安般》《勝道》《念住》《昇進》《決定》等分，各是偈言，無長文也。

下、《不净觀分》《住分》《陞進分》《决定分》《觀界分》，皆偈言也。《四無三昧觀》《因觀》《入觀》《十二因緣》，皆長文説義也。

五門禪經要用法

《五門禪經要用法》，坐禪之法，要有五法。一安般，二不净，三慈心，四觀緣，五念佛。前三内境界，後二緣外境界也。觀佛觀白骨，觀身觀他身，觀地水火風空識一切境界，皆成三昧。入其定相，自然得解脱身。

禪要經

《禪要經》，呵欲爲先，坐禪若不呵欲，一切世間愛染虚妄，自身不净不實之法，無由入得禪定也。

思惟略要法

《思惟略要法》，身有三病，風、寒、熱也，世藥可治。心有三病，貪、嗔、癡也，唯佛法藥可治。若要治此病，如將軍入陣，須得勇健方能破賊。若除此病，須專注一心，勇猛精進，修諸觀定，然後乃除其病，得安樂法。

十二遊經

《十二遊經》，從佛上祖輪王，至浄飯王生，佛修行得道十二年中，遊十四國，説法利樂一切衆生。

法觀經

《法觀經》，四無量觀、不浄觀、白骨觀、生身觀、十方佛觀、念佛觀、無量壽佛觀、實相觀、法華觀。

内身觀章句經

《内身觀章句經》，一切一其心，身非人非命。以身即敗亡，非身身非我。身非常亦苦，非彼應爲身，身都無可有。

雜譬喻經

《雜譬喻經》，如有比丘垂死，弟子問得果報，云未。何故未？云欲待彌勒。云彌勒説法，與今佛異耶？云無異也。云既法不異，何棄今佛而待彼佛？即默然思之，即得應真。其餘一切緣起，不可具録，皆是因緣也。

十八部論

《十八部論》，文殊白佛言：「世尊入涅槃後，未來弟子，云何諸部分别？」佛告文殊，未來弟子有二十部，能令諸法住。二十部并得四果，三藏平等，無下中上。譬如海水，無有異味。一僧祇部，此云大衆。二體毗履，此云老宿。於此二部，分出十八部，共二十部云。

舊雜譬喻經

《舊雜譬喻經》，二卷，唐僧會譯，其緣起與前多同《百緣》等。

寫 四經

阿育王經

《阿育王經》，十卷。

一、《生因緣品》，爲戲沙兒，以沙爲麨上佛，記爲鐵輪王，後生頻婆羅宮爲王。南浮提造生地獄，而比丘得道化之。

二、既壞地獄，造八萬四千佛舍利塔，詣寺見優波笈多及耶舍等衆聽法。

三、王將十萬金，供養佛生處菩提樹及轉輪處，各十萬。

四、王一日中造八萬四千塔已，即生一兒，名鳩那羅，詣寺受記失目。

五、阿育王以半庵摩羅果施衆僧因緣。

六、佛記優波笈多，吾滅後一百年，乃無相佛出現，作佛事因緣。

七、佛記迦葉、阿難、末田地、舍那、婆私、優波笈多也。

八、優波笈多因緣，則記五人傳正法。

九、虎子牛味南天竺出家人，皆優波笈多化度，弟子衆亦各有夙因。

十、樹慳、鬼、虫食、骨想、箭刷食等因緣，皆笈多化度得道，衆因。

雜譬喻經

《雜譬喻經》，昔有比丘，令一沙彌擔衣物隨行。三發菩提行，心三退。師三令在前行，自將衣物，却三令退。後令擔衣物，乃大乘小乘心不易得也。乃至聖王九百九十九子等四十因緣，亦多與前同。

天尊説阿育王經

《天尊説阿育王經》，爲王天下，悉皆歸順，唯有龍王未伏，乃將兵收取佛舍利，與龍王戰勝。

雜譬喻經

上、佛慈悲度人，常以四事。一正法水洗心垢，二經法飲食令飽，三禪定三昧隨時興建，四以四恩饒益一切，常令歡喜。乳母養子，亦復如是。

下、安息國商人至罽賓國，見比丘得五通六通者，衆遂出家得五通。未斷苦本，即歸本國現神變。其後欲心既動，退失五通，無惡不作，師往度之。

禽 三經

阿育王傳

《阿育王傳》，七卷，與前同本各譯，略也。

阿育王息壞目因緣經

《阿育王息壞目因緣經》，前部已出，此皆長頌。

四阿鋡暮抄解

《四阿鋡暮抄解》，二卷。阿鋡暮者，此云趣無也。羅漢素跋陀撰，説三法門，謂德惡依三也，與前《三法度論》大同小異。此付法師所譯，曲裁聖意，猶周美。

獸 十二經

法句喻經

《法句喻經》，四卷。

一、《梵志》《護戒》《多聞》《篤信》《戒慎》《惟念》《慈仁》《言語》《雙要》《放逸》《心意》《花香》，十二品。

二、《愚暗》《明哲》《羅漢》《述千》《惡行》《刀杖》等六品緣也。

三、《老耄》《愛身》《世俗》《述佛》《安寧》《好喜》《忿怒》《塵垢》《奉持》《道行》《廣衍》《地獄》《喻象》《愛欲》等十四品。

四、《利養》《沙門》《梵志》《泥洹》《生死》《道利》等六品。

通前共三十八品，各品中一緣兩緣，乃至五也。

法句經

《法句經》，二卷，法救尊者將前三十八品中文述成偈，各品分章，見其義意。然智人見品名，知其義耳。

佛涅槃後撰集三藏經

《佛涅槃後撰集三藏經》，以佛説十二分教三藏之文，撮要成一卷長偈頌，俾其易解也。

阿含口解十二因緣經

《阿含口解十二因緣經》，分别無明、行、識、名色、六入、觸、受、有、取、生、老、病死、憂悲苦惱等也。

文殊發願經

《文殊發願經》，「身口意清净，除滅諸垢穢。一心恭敬禮，十方三世佛。普賢願力故，悉睹諸法相」等偈。

阿毗曇五法行經

《阿毗曇五法行經》，苦法、習法、盡法、道法。一色，二意，三所念，四别意，五無爲，是五行也。一一廣説也。

迦葉結經

《迦葉結經》，佛滅後，集聖衆結集佛三藏教。

三慧經

《三慧經》，佛言，一信，二問，三行，是三者得佛法分，乃至一一説三法因緣。

一百五十讚佛偈

《一百五十讚佛偈》，尊者摩咥里造，讚如來殊勝功德。如初偈云：「世尊最殊勝，善斷諸惑種。無量勝功德，總集如來身。」其餘偈義則可見。

六菩薩當誦持

《六菩薩當誦持》，師子遊戲、師子奮迅、師子幡、師子作、堅勇精進、金剛慧等六大菩薩。

觀音讚

《觀音讚》，唐慧智譯進上，皆七言長頌讚德也。

小道地經

《小道地經》，喘息生死，一切因緣，宜常消息，修習戒行。不能者多爲善法，云小道。

畫 十五經

無明羅刹經

《無明羅刹經》，或云集論也。然以折吒王爲喻，爲生死害盡人民，王即尋其根本，遂降伏諸羅刹。衆至羅刹無明窟宅，宫殿盡皆破除，捉其無明羅刹王，然後一切羅刹不與人民爲害也。設此爲喻，菩薩觀十二因緣，從死逆推至無明處，一一問，一一觀察，盡其根源也。

金七十論

《金七十論》，迦毗羅仙爲婆羅門阿修利説七十偈因，又解之。明三苦爲本，一依内苦，二依外苦，三依天苦。及自性大我慢，聲、觸、色、味、香，乃五唯也。耳、皮、眼、舌、鼻五知根也，舌、手、足、男女大遺，五作根也，及心根也。於此中生五大，謂聲生空大，觸生風大，色生火大，味生水大，香生地大。是唯二十五諦真實之境，從自性變異中生。昔中印天親菩薩至罽賓國爲王，解説其義。王曰：「師説此其實偈義，義義如金。」遂賜金七十斤，因立名耳。

勸戒王頌

《勸戒王頌》，一卷。

説法要偈

《説法要偈》，一卷。

勸發諸王偈

已上三偈，同本各譯也，皆中印土龍樹尊者作此偈，代書寄南印土國王禪陀，令厭離五欲，奉重三寳，行慈行仁，養育人民，求脱生死，證解脱樂。

迦下比丘説當來變經

《迦下比丘説當來變經》，告衆云：「當來之世，去聖時遠。比丘衆不持净戒，不習禪定。不求悟道，唯求利養。貪染世俗，親近白衣。輕毁己衆，遞相妬疾，壞滅佛法聖教也。」

十句義論

《十句義論》，勝者慧月造也。一實，二德，三業，四同，五異，六和合，七能，八無能，九俱分，十無説。實句有九，地、水、火、風、空、時、方、我、意，此九皆實也。例此一義，餘十義一一分别解説。

説法經

《説法經》，賓頭盧爲優陀延王説，欲樂甚少，憂苦患甚多，是以智者應修方便。大王當知，國土猶如羅網。當知此身終是敗壞，覺悟無常死生，求其出離，先行智忍爲本，不可縱己自在等也。

婆藪盤豆法師傳

《婆藪盤豆法師傳》，此云天親也。其中所載名氏出處，出家弘法得道，與兄無著請彌勒説法，及破外道《金七十論偈》。國王賜金，分爲三分。先習小乘，後通大乘。

分別業報略經

《分別業報略經》，大勇菩薩説此一長偈，誡一切人，修善業善報，惡業惡報，千萬劫自受。

馬鳴菩薩傳

《馬鳴菩薩傳》，述菩薩得道降伏外道，及脅尊者摧破邪宗，顯揚佛宗正法眼藏也。

提婆菩薩傳

《提婆菩薩傳》，才辯絶倫，名震天竺諸國，投針傳龍樹心印，化度廣破外道，利益國王大臣。

彩 三經

釋迦譜

《釋迦譜》，五卷。

一、始祖相承姓，劫初姓瞿曇。世祖姓釋迦，降生成佛。七佛種姓同異，同三千佛，内外族姓，弟子姓釋，四部名聞弟子。此卷九譜，皆大小乘經中也。

二、大愛道出家，净飯王泥洹，摩耶夫人受道泥洹，滅夙業等譜也。

三、竹林園、祇洹精舍、髮爪塔，天上四塔，檀像、金像、石像，留影在石等八譜。

四、雙林涅槃，八國分舍利，天上龍宫舍利塔，龍宫佛髭塔等四譜。

五、育王八萬四千塔，夙緣感此八萬四千之塔，因法滅盡，及盡相等四譜，僧祐撰。

釋迦氏譜

《釋迦氏譜》，一所依賢劫，二氏族根源，三所托方土，四法王化相，五聖凡後胤。此五譜中事，述與前同，其中小異也。

釋迦方志

《釋迦方志》，二卷。

上、《封疆篇》，謂娑婆世界也。

《統攝篇》，化三千大千。

《中邊篇》，出現中印天地之中也。

《遺迹篇》，處處説法利人也，加以五天竺國顯相事。

下、《遊履篇》，教至此土流通也。

《通局篇》，教歷朝代有信者不信者也。

《時住篇》，佛法在世劫量也。

《教相篇》，教至一切年入于中華，前後帝王見其佛法相也。皆宣律師作。

經律異相

仙 十卷

《經律異相》，五十卷。

一、《天部》，諸天成壞劫修短，日月星雷電雲風雨三界諸天劫數壽量三災等也。

二、天帝從野干受戒，修羅五縛天墮驢胎還身，鞞梨天子布施，天命終見佛。生人中手出甘水，豬中生人道，天女化生物，天女口密，天女聞鹿牛彈琴。已上十一因緣，經中録。

三、《地部》，閻浮提鬱單國界所産，精舍山樹河海寶珠，人飲乳多及壽量同異。

四、《佛部》，得道師宗托生王宫，現迹成道。阿難問葬法，現涅槃，摩耶五衰相現。

五、《益物部》，萬字光三密食馬麥，鐵槍掩耳不及，各聞一句。度象王，化盧志，度五比丘，化屠兒及無信人五百賊出家，吹藥入賊眼，化貪慳夫婦，淫女指現師子，足散石等。

六、舍利起塔，及壞塔。髮爪石塔、人間塔、天上塔、舍利骨塔、迦葉佛塔、五百塔、金剛塔造形，象法滅盡。已上多是造塔因緣。

七、釋氏緣起，净飯捨壽，摩耶生天，愛道出家，羅睺羅處胎出家，佛戒得道。難陀、調達、阿那律、跋提等出家。琉璃滅釋種，五百釋女投佛，車匿前緣。

八、聞法賣心捨臂，净藏净眼化父，割截身得四禪定，求半偈賣身，發心一切世間皆爲女人，致苦退家業。

九、文殊令醜女取鉢，普賢護五法師。久忍衆苦，手出龍象，降伏海神，阿難所譏，殺身濟衆，鳥巢頂上，入海求珠，現長舌相等。

十、如來因中，爲帝釋，爲淫女，爲尸毗王，爲睒子，爲仙人，度估客，爲國王布施，捨眼治梵志，捨國城妻子救危厄，出髓出血濟病。

靈　十卷

經律異相

十一、如來因中爲伯叔，爲肉山。大理家、師子、白象、龍、熊、鹿王、九色鹿、雁、鸚鵡、雀、大魚、鱉等。

十二、山居女人、慧王、上首恒伽、須摩提、摩訶盧解夢，女人在樓見佛，女人在胎中聞法，轉男身，慈狗轉身立不退地。

十三、迦葉金色結集，化貧母，入鷄山，賓頭入定取鉢，陳如等得道，三迦葉、須菩提、阿那律端正化淫女，前挑燈化跋提等。

十四、舍利弗退大乘，出家請佛制戒，受浴化蛇，入金剛定，性難求，捔神力，目連作橋救母，魔嬈勸弟化梵志，鬼神降龍，鳥心實等緣。

十五、優波離爲佛剃頭，入四禪，迦旃延教賣貧，難陀奈女三十相化牧女，二長者分物，先世爲友，阿難奉佛，七夢咒禁，乞乳化王試山等。

十六、末田地變火爲天花，舍那變雷爲花，優波笈多出家付法藏，化虎子，羅旬乞食，八歲成道，伏惡龍，凉風細雷，化餓鬼等。

十七、僧大金天、阿私陀、修羅、差摩、拘提、摩訶盧、盤特、鴦掘摩、和吒羅漢，兄弟諍財，見羅刹避哭，五百盲兒獵師等。

十八、魚吞不死耳，億精進，賴吒爲父所要，金財，花天、寶天，知足、二巧、賊作、貪食，乞兒、拔母、從師、白骨等三十一緣，皆比丘也。

十九、伊利沙、毗羅斯、耶舍、難提、闡陀、摩訶羅，持戒滿願，遇劫王難，誦經居山，失志入海，煑草行乞，遇鬼度獵，皆比丘也。

二十、選擇遇佛，婦病從事，自誓入定坐禪，蛇害國王聽法，修不浄觀，盲比丘聞法，著弊衣，族子出家，旃陀羅七子死。

丙 十卷

經律異相

二十一、調達與佛結怨害，佛博學讚歎，索衆爲野狐入地獄，達多爲野干獼猴，殺金師子。四比丘受罪，善星謗佛。

二十二、沙彌遇佛，須陀遇佛，均提出家救蟻，推師倒地，分別四諦，降鬼沙彌得通，護戒生龍中受虫身等。

二十三、跋陀遇佛，叔離出家爲王所逼，花色得道，蓮花聞法，五百女聞法，慢不聞法，脱根獲免慳貪，從化發狂，得道謗佛等。

二十四、劫初人王、大王致輪、王化四方，王捨臂、王有大利，王身挂千燈，王捨國學道，王請佛僧，王出家遊四天下，頂生育王，乃王緣也。

二十五、王聞一偈，王捨頭，王割肉，王捨血肉，大力王好施，王刺血，施五夜叉，鹿足王難，薩檀王爲奴，王聞偈捨妻兒，令鬼王移信。

二十六、王因母疾悟道，二王袈裟上佛，和達王布施讓國，王棄國學道，王護法，普明王免斑足王難，闍世王解疑，大光王等緣。

二十七、王得辟支佛，王造塔成果，王遇佛得道，王弘護法師，王請佛，王遇目連，安王化四王，婆羅門王布施，王聞法，王捨外習，王遇佛。

二十八、爲姦臣所害，王聞法得須陀含。波斯匿王園生粳米，請佛解夢，求贖女命，得末利夫人，王發願灌佛，耆域瓶沙王等因緣。

二十九、王造殿，王請佛解夢，王遶塔，王兒婦得解，王從佛生信，王求治化方法，王射后不傷，王城蛇遶，王臨死藏珠等因緣。

三十、育王夫人受八歲沙彌化，王后生肉棄水生二子，王后悟法，末利夫人持齋，王后學道生天，國王大夫人與賢者造寺等。

舍 十卷

經律異相

三十一、投身飼虎，燒身成化，爲父殺身，血肉施僧，月光血髓救病，割肉濟父母，白象捨國等。

三十二、王子入海採珠，求珠喪眼。長生報父，形醜失妃，暮魄不言，被埋王子捨身，藥王子救疾，王子聞夙宿，王孫學醫。

三十三、均鄰得果，帝須得果，祇陀捨五戒，行十善得道，太子失目得天眼，諸太子聞佛已等悉悟道，最勝王子堅固。

三十四、金色女求佛爲夫，醜女改顏，王女喪夫，安悉王女從狗中來，王七女與天帝語，王女爲火燒，王女見水泡生無常想等因緣也。

三十五、寶稱守籠，最勝、福增、須達、申日、辯意、曇摩、慳長者，毗陀羅、婆世躓、新生子、阿那邠十五長者等因緣。

三十六、流水樹提伽迦羅越忽起經無耳眼舌音悅鳩留日難發水先貧香身，婦娠生叫，地獄擣衣等十九長者因緣。

三十七、沙門億耳入海見地獄，持戒鬼代取花，指現師子，魔試事爲生，爲婦中虫，五不死報，鬼不能害等優婆塞十四因緣。

三十八、割肉救病，諸佛自然足產卵成男，喪子喪夫，遇佛得果，無子自焚，許子出家，願不遂，施燈神力不滅，天帝相試等。

三十九、外道立異，六師欲降佛，與佛弟子捔力，鐵鍱腹，鳥雀捔道，不如自盡，文仙造書失通，聞女聲通虎獨角仙等也。

四十、超術師、寶海、須項、摩因提乞活兒，説一偈奉佛密遠學，兄弟四人同月命終，棄婦就婢，採花殺女等，皆梵志緣。

傍 十卷

經律異相

四十一、檀膩䩭阿耆尼鷄頭老乞散，若納施餅，施瞋生龍中入定，兒婦信向從佛，生爲樹神，夫婦吞金錢，生女端正，佛不言好投火等，皆婆羅門因緣。

四十二、曼茶聞法悟道，郁伽見佛持戒，因魚得富，以法獲財，大意求明珠，已上皆居士因緣等也。

四十三、瓔珞上佛，樹出所須，免羅刹難，彌蓮持齋，兄射弟，濟估客，共鵠生子，八味水，得金奉親，羅刹所縛，救將死人，貪者死，廉者全命，害侶，値摩竭魚念佛，飲酒犯戒，鬼畏已，商賈因緣。

四十四、颰陀以化城請佛，井出珍寶，五百童戲沙爲塔，童子施佛豆，牧牛兒取花上佛，小兒先身三錢施爲王，已上三十八庶男緣也。

四十五、捨髮供佛生百兒，以兒爲道，睹有天宮，手出衆物，婦化夫念佛，火中生子，謗佛入地獄，火氣入女人身生兒，多智等皆女緣。

四十六、阿修羅王、乾達婆王、緊那羅王、雜鬼，與諸天大戰，爲女興兵。見帝釋迴車有女，天帝所强爲所漂求長身等緣。

四十七、師子、象、馬、牛、驢、狗、鹿、駱駝、狐、狼、獼猴、兔、貓兒，師子王捨命食象二子，爲獵人殺，墮井與虎爲友，野干兩舌，十二獸相化。

四十八、金翅、千秋、雁、鶴、鴿、雉、烏，生住所資、正音王死相等緣。

四十九、閻羅王等爲獄司，三時受苦，問罪人十八地獄、三十六獄，五官禁罪，始受地獄，命終見善惡。八王使者看善惡，寒熱地獄，金剛山八大地獄，各各有十六小獄，金剛山間别有十地獄等。

五十、阿鼻地獄受苦相，十八小地獄各有十八地獄，六十四地獄，舉因示苦相，五大地獄示受苦相。已上皆地獄因緣。

啓　十卷

陀羅尼集經

《陀羅尼集經》，梁代法師於前大部中集録，出别行，皆是先佛所説神咒秘語也。

諸經要集

甲 七卷

《諸經要集》，二十卷。

一、唐西明寺僧玄惲，於大藏中録一千因緣，作三十篇目，成二十卷。

《敬佛篇》第一普敬述意，念十方佛，念釋迦佛，念彌陀佛，念彌勒佛，念佛三昧等。

二、《敬法篇》，二述意，説法、聽法，漸頓、求法，感福、報恩、謗法。

《敬僧篇》，述意、順緣、違損等二篇十一緣。

三、《敬塔篇》，述意、引證、興福、感報、旋塔、入寺、修故七緣也。

《攝念篇》，述意、十念、六念、發願四因緣。

四、《入道篇》，述意、欣厭、出家、引證四緣也。

《唄讚篇》，述意、引證、歎德三緣也。

《香燈篇》，述意、花香、然燈、懸幡等四緣也。

五、《受請篇》，述意、供養、簡僞、聖僧、施食、食時、食法、食訖等八緣也。

六、《燈齋篇》，述意、引證等二緣也。
《破齋篇》，述意、引證等二緣也。
《富貴篇》，述意、引證二緣也。
《貧賤篇》，述意、引證、須達、貧兒、貧女五緣也。
七、《將道篇》，述意、誡男、誡女、勸道、眷屬、離著、教誡等七因緣也。

帳 六卷

諸經要集

八、《報恩篇》，述意、報恩、背恩等三緣也。
《放生篇》，述意、興害、放生、救厄四緣也。
《興福篇》，述意、修福、應法、嚫施、洗僧、離福等六緣也。
九、《擇交篇》，述意、善友、惡友、債負、懲過等五緣也。
《思慎篇》，述意、慎過、慎禍、慎境、慎用等五緣。
十、《布施篇》，述意、慳僞、財施、法施、擇施、福田、相對等七緣。
十一、《業因篇》，述意、發業、罪行、福行、雜業等五緣也。

十二、《欲蓋篇》，述意、五欲、五蓋等三緣。

十三、《受報篇》，述意、報類、現報、生報、後報、定報、不定報、善報、惡報等九緣也。

對 七卷

諸經要集

十四、《十惡篇》，殺生、偷盜、邪淫、妄語、惡口、兩舌、綺語、慳貪、嗔恚、邪見十緣。

十五、《十惡篇》中，兩舌緣也。

十六、《詐僞篇》，述意、詐親、詐毒、詐貴、詐怖、詐畜等六緣。

《墮慢篇》，述意、引證、立志三緣。

十七、《酒肉篇》，述意、飲酒、食肉三緣也。

《占相篇》，述意、觀相、歸信等三緣。

十八、《地獄篇》，述意、會名、受報、時量、典主、王都、業因、戒勖八緣。

十九、《送終篇》，述意、瞻病、醫療、安置、斂念、捨命、遺送、受生、祭祠等。

二十、《雜篇》，述意、怨苦、八苦、虫寓、五辛、嚏氣、便利、護净、鳴鐘、入衆、衰相、眠夢、雜行等十三緣也。

出三藏記集

楹 十卷

《出三藏記集録》，十五卷。

一、梁僧祐撰，此結集三藏聖教最初因緣及序文。

二、《四十二章經》《安般》等經目録緣。

三、安法師所集經録。

四、諸雜經目録也。

五、經志録、異儀記、叡師喻疑。

六、《四十二章經》《安般守意》《陰入》《了本生死》《十二門》《法鏡》等經序也。

七、《道行》《放光》《須真》《普曜》《賢劫》《楞嚴》《法句》等經序。

八、《大品》《小品》《法華》《持心》《思益》《維摩》《毗摩》《摩訶》《自在王》《涅槃》《泥洹》等經序文也。

九、《華嚴》《十住》《戒經》《阿含》《大哀》《禪要》《百句》等經序也。

十、《道地》《十慧》《十法句》《毗曇心》《三法度》《八犍度》《十智論》《三十七》等經序文也。

肆 三經

出三藏記集

十一、《中論》《百論》《十二門論》《成實論》《千佛名》《戒本》《善見》《摩得勒》等經序也。

十二、陸澄侍郎《法論》序文，宣王《法集》序，《十誦律》《弘明》《法苑》等經序文也。

十三、安世高、支讖、安玄、康僧會、朱士行、支謙、法護等僧譯經傳。

十四、羅什、佛陀跋陀、求那、僧伽、曇摩、毗地等僧譯經傳也。

十五、法祖、道安、慧遠、道生、佛念、法顯、智嚴、智猛等僧譯經傳也。

衆經目録

《衆經目録》，七卷，隨僧法經等撰集，第七卷中説其本末。

歷代三寶紀

筵 十卷

《歷代三寶紀》，十五卷。

一、隨譯經學士費長房撰，佛生周朝，歷秦年紀也。

二、前後兩漢帝紀年代。

三、魏、晉、宋、齊、梁、周、大隋佛法至紀。

四、後漢譯經年紀録耳。

五、魏、吴譯經年紀。

六、西晉譯經年紀。

七、東晉譯經年紀。

八、姚秦譯經年紀。

九、西秦、北凉、元魏、高齊、陳氏譯經年紀。

十、宋高祖文帝世譯經年紀等録。

設 二經

歷代三寶紀

十一、齊、梁、周譯經年代紀。

十二、隨皇帝世譯經年代紀。

十三、大乘經目録也。

十四、小乘經入藏録。

十五、進《三寶紀表》并《總録序》，其略云，有力於國史録其勳，有政於民碑傳其德，况如來大聖，化洽無窮，而不乘承百王，流芳千載者也。

衆經目録

《衆經目録》，大唐愛敬寺沙門净泰撰集，前後高僧所譯經緣也。

大唐内典録

席　五卷

《大唐内典録》，十卷。

一、後漢傳譯經録。

二、前魏、南吴、西晉三代傳譯佛經目録。

三、東晉、前秦、後秦、西秦、北凉、五代傳譯佛經録。

四、宋朝、前齊、梁朝、後魏、後齊、五代傳譯佛經目録。

五、後周、陳朝、隋朝、皇朝四代傳譯佛經目録。所云皇朝者，則宣律師稱唐之語也。

鼓　五卷

大唐内典録

六、大乘經正目録。

七、小乘經正目録。

八、見入藏經正目録也。
九、舉要轉讀大小乘經録。
十、衆經闕本録，歷代道俗述作注解録，諸經支流陳代録，疑僞經論録，目録終始序，應感興敬録。已上皆南山宣律師搜括序陳佛法也。

大周刊定衆經目録

瑟 十卷

吹 四經

《大周刊定衆經目録》，十五卷。此一至十，大唐天后朝佛授記寺僧明佺等撰。

《大周刊定衆經目録》五卷

通前十五卷，與《三寶紀》及《内典録》相同，記其部卷也。

古今譯經圖記

《古今譯經圖記》，四卷，沙門静邁集録。自後漢已來譯經高僧，年代讚述與前同出。

續古今譯經圖記

《續古今譯經圖記》，沙門智昇集，續前邁法師所紀也。譯經堂中圖繪，前後譯經法師儀相，乃作是紀是圖，以標姓氏出處行實也。

續大唐内典録讚序

《續大唐内典録讚序》，宣律師集，此續前所撰録。

開元釋教録

笙 六卷

《開元釋教録》，二十卷。目録之興，蓋别真僞明是非，記人代之古今，標卷部之多少，摭捨遺漏，删夷駢贅。使正教合理，金言有序，提綱舉要，歷然可觀。故斯述也。

一、漢代譯經法師年紀。

二、吴代譯經年紀。

三、東晉司馬氏譯經年紀也。

四、姚秦代譯經法師年紀録。

五、宋劉氏代譯經法師年紀。

六、蕭齊世譯經法師年紀。

陞 七卷

開元釋教録

七、周宇文氏譯經法師年代紀。

八、大唐李氏譯經法師姓氏年紀目録。

九、群經論，唐代法師傳譯之餘目録。

十、古經、舊經法師各譯經目録等。

十一、自《大般若》起天字至命字，大乘經、律、論目録爲準也。

十二、自《阿含經》起臨字至英字，小乘經、律、論，聖賢傳記等目録，今大藏此二卷録爲準也。

十三、《別録》中所載有譯無譯，或有本無本等經目録。

階 七卷

開元釋教録

十四、有譯無本經目録等。

十五、小乘有譯無本目録。

十六、支派別行經等目録。

十七、同本異名、廣出略出、重譯等經目録也。

十八、疑惑再詳經目。

十九、現入藏經目録上卷。

二十、小乘經現入藏目録。於此兩卷中分其次第卷軸部帙等。

一切經音義

納 七卷

《一切經音義》，二十五卷。

一、譯經沙門玄應撰，《華嚴》《大集》《日藏》《月藏》《威德》《法炬》等經音義也。

二、大涅槃經音義訓釋。

三、《摩訶》《放光》《道行》《光讚》《小品》《明度》《長安》《天王》《仁王》《金剛》音義也。

四、《見實》《賢劫》《灌頂》《華手》《瓔珞》《佛名》《月燈》《十住佛》《三昧》《佛名》《十輪》《報恩》《寶雲》《金光明》《大雲》《密迹》《處胎》《賢護》等音義。

五、《海龍王》《首意》等八十餘經音義。

六、《妙法蓮華經》音義。

七、《正法華》至《文殊現寶藏》等四十二經音義訓釋。

陛　七卷

一切經音義

八、《維摩經》至《無畏德女》等六十經音義。

九、《大智度論》音義訓解。

十、《般若燈論》《莊嚴》《大乘婆沙》《十地》《善戒》《地持》《資糧》《寶性》《毗曇》《百論》《菩提心》《三具足》《十二門》《資生》等論音義。

十一、《正法念》《阿含》《增一》等經音義。

十二、《賢愚》《起世》《寶藏》《普曜》《道地》《生經》《那先》《陰入》《本起》《興起》《禪經》《義足》等經音義。

十三、《泥洹》《罪業》至《馬八態》等七十六經音義。

十四、《四分律》音義。律者常也、法也、詮也，毗尼、鼻那耶、毗奈耶皆同也，此云離行也、滅也、調伏也、化度也。

弁 六卷

一切經音義

十五、《十誦律》《僧祇律》《五分律》音義。

十六、《善現》《摩德勒伽》諸戒本、諸《羯磨》本等二十二律部音義。所云摩德勒伽，此云母也。羯磨，此云作法也，辨事也。其餘義可見也。

十七、《婆沙》《毗曇》《俱舍》《出曜》等五論音義。

十八、《成實》《鞞沙》《解脱》《曇心》《四諦》《功德》《甘露》《三法度》《明了》《隨相》等論音義。

十九、《佛本行集》《百緣經》音義。

二十、《陀羅尼》《六度經》《一切聖賢傳記》等音義，此二十七本中訓釋義。

轉 二經

一切經音義

二十一、《菩薩藏》《十輪》《無垢》《深密》《緣起》《金剛》《戒本》《净土》《佛地》《勝軍》《法住》《六門》等經音義。

二十二、《瑜伽師地論》音義。梵云瑜伽，此云相應也，謂一切所緣境與心相應。故師爲習行調化，有道之稱也。地謂三乘行境界所依止，或所攝義故名地也，定也。

二十三、《顯揚聖教》《對法》《攝大乘》《廣百》《佛地》《掌珍》《正理》《成業》《五蘊》等論音義。

二十四、《俱舍論》音義。梵云俱舍，此云藏也。如庫倉等之總名舍，舍、藏義一也。

二十五、《順正理論》音義。已上訓解訖。

新譯華嚴經音義

《新譯華嚴經音義》，二卷。

上、則天《序》及《世主妙嚴品》至《十地品》，一切字音訓解義。

下、《十定品》至《法品》，一切字音訓解義。釋此經罷，慧苑法師用心訓釋也。

西域記

疑 十卷

《西域記》，十二卷。

一、大唐三藏奘法師自西域而還，奉詔旨而譯此記也。竊謂南瞻部洲，東則人爲主也，西則寶爲主也，北則馬爲主也，南則象爲主，實風土古今之異儀也。然此中國以人爲主之方，仁義道德，文軌之尊也。沿古雖通，四夷入貢，然於天竺寶主之國，實未同化也，蓋地相遠故。因奘師往還，遂大歸化耳。阿耆尼等三十四國風俗之儀也。

二、濫波那、揭羅、犍陀羅三國風土境物之儀也。

三、烏杖那、鉢露羅、呾叉始羅，乃至闍補羅等八國風境異儀也。

四、磔迦國乃至劫比他國等十五國風境人物異境也。

五、羯若鞠闍乃至鞞索迦國等六國中風俗境物。

六、室羅代、劫比、羅藍摩、拘尸那等四國人境風物。

七、婆羅痆斯國、戰王國吠舍弗栗恃尼波羅等五國風俗。

八、摩竭陀國中上卷所説風物。
九、摩竭陀國下卷，此國中遍見如來成道菩提樹等遺迹也。
十、伊蘭拏、瞻波乃至秣羅矩吒等十七國，遍見佛遺迹聖境，及人物風土好惡也。

星 三經

西域記
十一、僧伽羅國乃至伐剌拏等三十三國，佛所化處人物風土。
十二、漕矩吒國乃至瞿薩旦那等二十二國中，佛化境土人物等。

續集古今佛道論衡

《續集古今佛道論衡》，一卷，唐僧智昇於《後漢書·列傳》七十八卷中略出，及《漢法内傳》述天竺國佛出現事，及佛教至此方，摩騰、竺法蘭與褚善信論法事緣。

集古今佛道論衡

甲、漢帝夢金人，吴王信佛立塔寺，陳思王曹植《辨道論》，晉孫盛《老子非大賢論》，元魏雙信有興廢事，宋文帝會群臣論佛理，坐致太平，魏明帝召沙門、道士對論，梁武帝捨老奉佛，北齊文宣帝敕廢道教等十因緣。

乙、周高祖世安法師上論，遠法師抗論，任道林請興佛法，周天元帝開佛法事，隨高祖下詔述，絳州天火燒老君像，隨兩朝皇帝宗尚佛理受三歸戒。

丙、今上召佛道二宗入内詳述名理，西明寺成召佛道論義，冬雪未降，内齋祀召佛道二宗論義，幸東都召西京僧論義，在東都召僧静泰與道士李榮對論，又在司成宣范義頵宅難莊易義。皆唐太宗皇帝朝佛道中事緣等。

丁、西華觀道士朝散大夫郭行真，歸依佛法僧三寶願文，及所造佛像或鑄或塑或畫，并供養等緣。

右 二經

三寶感通録

《三寶感通録》，三卷。

上、宣律師戒行修潔，道心純明，以故感天人侍奉。遂問佛法中事及此靈迹之處，前後顯應有此録。

中、雒陽畫像，建業金像，吴中石像，七國金像，楊都、襄陽、荆州、吴興等金像，旃檀瑞像，文殊金像等像也。

下、天台石梁，蓬萊聖寺，鼓山竹林寺，林慮靈隱，五臺山石窟，終南山竹林等處，及高僧俗士感通事緣也。

沙門不拜俗

《沙門不拜俗》，六卷。

一、僧彦悰集，自晉至唐前後沿革事。蓋佛法因時，信毁交貿。理越常情，紛弦之人，惘知攸措。奏詔書難答又書，皆晉朝事緣。
二、遠法師《沙門不敬王者論》五篇，并詔啓事又論等緣。
三、唐朝敕表啓狀，并議不拜等事緣。
四、議不拜篇，二十三章文。
五、議兼拜并議令拜篇。
六、議拜篇并狀奏、詔、表、啓，宣師、秀師等弘護。

通 十卷

三藏法師傳

一、奘法師姓氏、出生、出家、勵業及求法，離神州至西屆高昌國也。
二、三藏自阿耆尼國乃至羯若鞠闍國中間所到。
三、三藏自阿踰陀國乃至伊爛拏國。
四、三藏自瞻波國至迦摩縷波國，國王請師禮敬。
五、三藏令尼乾子占歸國，因離西天，歸至帝城之西也。

六、三藏貞觀十九年正月到西京，至二十二年夏六月謝太宗皇帝《御製聖教序》。
七、三藏貞觀二十二年六月高宗皇帝《述聖記》，永徽年中答書等緣。
八、三藏六年譯理門論，至顯慶元年三月，百官謝示高宗御製寺碑文等。
九、三藏顯慶元年謝慈恩等碑成，正月隨皇帝聖駕還西京。
十、三藏顯慶三年五月敕詔法師居西明寺，至麟德元年二月，玉華宫捨化。此僧惠立、彦悰成其傳也。八卷初尚藥呂才難《因明論》，有立破義等。

廣 三經

高僧法顯傳

《高僧法顯傳》，東晉時往天竺，求佛經教法，歸此翻譯，遂述西竺所見聞佛法事。

大唐求法高僧傳

《大唐求法高僧傳》，二卷。
上、義浄三藏西國還，記前後高僧求法等緣，此玄照法師等五十六人也。

下、此卷自荆州道琳法師傳起，若觀此五十六高僧往西竺求法，歷十萬里程，無量嶮岨，或在或亡，良可憫也。

高僧傳

《高僧傳》，十四卷。

一、《譯經科上》，摩騰、法蘭、安清、支讖、曇柯、僧會、維祇、竺曇、帛遠、尸梨、跋澄、難提、僧伽、佛念、耶舍等十五高僧行傳。

二、《譯經科中》，羅什、弗若、流支、摩羅叉、佛陀耶舍、跋陀羅、曇無讖七傳。

三、《譯經科下》，法顯、無竭、佛陀什、浮陀、智嚴、寶雲、求那跋、僧伽跋、曇摩密、智猛、良耶、跋陀羅、毗地等十三傳。

四、《義解科一》，朱士行、孝龍、僧淵、法雅、法朗、法乘、潛深、支道林、法蘭、法開、道邃、法崇、法義、僧度等一十四僧傳。

五、《義解科二》，道安、法和、僧朗、法汰、僧先、僧輔、僧敷、曇翼、法遇、曇徽、道立、曇戒、法曠、道壹、惠處等十五傳。

六、《義解科三》，慧遠、慧持、慧永、僧濟、法安、曇邑、道祖、僧䂮、道融、曇影、僧叡、道恒、僧肇等十三僧傳。

内　八卷

高僧傳

七、《義解科四》，道生、慧叡、惠嚴、惠觀、慧義、道淵、僧弼、慧静、僧苞、僧詮等三十二僧傳。

八、《義解五》，僧淵、曇度、道慧、僧鐘、道盛、弘充、智林、法瑗、玄暢、僧遠、僧慧、僧柔、慧基、慧次、慧隆等二十七僧傳。

九、《神異科上》，佛圖澄、單道開、竺佛調、耆域等四高僧傳。

十、《神異科下》，犍陀、勒訶羅竭、法慧、惠則、涉公、曇霍、史宗、杯度、曇始、法朗、邵碩、慧安、法匱、僧慧、慧通、保志等十六傳。

十一、《習禪科》，僧顯、僧光、曇猷、慧嵬、賢護、曇蘭、法緒、玄高、僧周、慧通、净度、僧從、法成、慧覽、法期、道法、普恒、法晤、僧審、曇超、慧明等二十一傳。

《明律科》，慧猷、僧業、慧詢、僧璩、道儼、僧隱、道房、道營、志道、法穎、法琳、智稱、僧祐等傳。

十二、《亡身科》，僧群、曇稱、法進、僧富、法羽、慧紹、僧瑜、慧益、僧慶、法光、曇弘等。《誦經科》，曇邃、法相、法純、僧生、法宗、道冏、慧慶、普明、法莊、慧果、法恭、僧覆、慧進等二十一傳。

十三、《興福科》，慧達、慧元、慧力、慧受、僧慧、曇翼、僧洪、僧亮、法意、慧鏡、法獻、僧護、法悦等傳。《經師科》，法橋、曇籥、法平、僧饒、道慧、智宗、曇遷、曇智、僧辨等僧傳。道師、道照、曇穎、曇宗、曇光、慧芬、法願、法鏡等傳。

十四、梁沙門慧皎撰此《高僧傳》，作《序》具論諸家得失，更名僧傳爲高也。東山嵩師稱云：「釋氏之良史也。」

續高僧傳

左 八卷

《續高僧傳》，三十卷。

一、《譯經科上》，伽婆羅、寶唱、曇曜、菩提流支、拘那羅、法泰等及附者傳。

二、《譯經科二》，那連耶舍、崛多笈多、彦琮等并附傳。

三、《譯經科》，沙門波頗、惠賾、惠净等三傳。

四、《譯經科三》，奘法師、那提二傳。

五、《義解科上》，法申、僧韶、法護、智欣、僧若、法龍、僧遷、僧旻、法雲、慧澄、法令、智藏，并附見傳二十三僧等傳。

六、《義解科二》，慧超、慧約、曇巒、慧韶、慧皎、曇永、道登、僧密、曇准、道超等正傳二十一人，附見十六人。

七、《義解科三》，洪偃、法朗、法勇、寶瓊、警詔、安廪、慧布、亡名、道寵、慧嵩等并附傳。

八、《義解科四》，僧範、曇遵、慧順、道憑、靈詢、法上、道慎、僧妙、慧善、寶篆、曇衍、惠榮、曇廷、慧遠等并附見二傳。

達　八卷

續高僧傳

九、《義解科五》，寶海、智方、羅雲、法安、慧哲、慧晅、慧弼、靈裕、慧藏、智脱、法澄、道莊、法論、僧粲等傳。

十、《義解科六》，净嵩、净玄、智閏、智聚、慧曠、智琳、净願、智凝、法彦、法總、僧曇、靈璨、法瓚、寶儒、慧最、僧朗、慧暢等并附傳。

十一、《義解科七》，志念、智炬、惠海、辨義、明舜、智梵、静淵、道宗、普曠、保恭、法侃、吉藏等傳。

十二、《義解科八》，慧隆、慧海、慧覺、道判、净業、童真、靈幹、敬脱、善曹、辨相、寶襲、慧遷、智琚、道慶等傳。

十三、《義解篇九》，惠因、惠暠、法祥、净藏、圓光、神素、海順、曇藏、神迥、僧鳳、道岳、道傑等并附傳。

十四、《義解科十》，智琰、道基、道愻、慧頵、道宗、三慧、法恭、智正、慧稜、智拔、慧瑜、慧持、智凱等傳。

十五、《義解科十一》，法敏、惠璿、惠眺、靈睿、僧辨、法常、智徽、玄鑒、玄會、行等、志寬、惠休、靈閏、道洪等傳。

十六、《習禪科上》，僧副、慧勝、道珍、佛陀、達摩、僧可、僧達、僧稠、法聰、智達、僧實、僧瑋、曇相、道正、曇詢、法充、信行、慧意等并附見傳。

承　七卷

續高僧傳

十七、《習禪科二》，慧命、慧思、智顗、曇崇、慧越、僧善、玄景、智舜、智鍇、智越。

十八、《習禪科三》，曇遷、僧淵、真慧、覺瓚、法純、洪林、法海、净端、道舜、慧歡、智通、本濟、僧照等傳。

十九、《習禪科四》，僧定、道林、法應、智周、法藏、慧超、智晞、智滿、僧邕、灌頂、智璨、普明、智藏、法喜傳。

二十、《習禪科五》，道昂、道哲、曇榮、净琳、慧斌、志超、曇韻、慧思、世瑜、道綽、明净、慧熙、智聰、僧徹等傳。

二十一、《明律科上》，法超、道禪、慧光、曇影、曇瑗、智文、法願、靈藏、通幽、道成、洪遵、覺朗、智保等傳。

二十二、《明律科下》，智首、慧璡、法勵、玄琬、慧肅、慧滿、慧進、道亮、慧旻傳。

二十三、《護法科上》，無最、曇顯、净靄、道安、僧勔、僧猛等并附傳。

明 七卷

二十四、《護法科下》，明瞻、慧乘、智實、法琳、慈藏等并附見傳也。

二十五、《感通科上》，勒那、超達、慧達、道泰、道融、法力、植相、僧林、惠簡、僧朗、僧意、僧照、道豐、圓通、寶傳、僧雲、僧遠、慧瑱等三十三僧傳。

二十六、《感通科下》，道密、智隱、斯那、明誕、明璨、惠重、寶積、道端、道璨、明芬、僧蓋、曇瑎、道貴、僧順、法顯等四十五傳。

二十七、《遺身科》，僧崖、普圓、普濟、普安、大志、知命、玄覽、法曠、會通、道休等并附傳。

二十八、《讀誦科》，志湛、慧超、慧顯、道積、寶瓊、善慧、法誠、空藏、慧靈、遺俗、寶相等傳。

二十九、《興福科》，明達、僧明、慧達、僧晃、住力、智興、道積、德美、惠冑、智通、慧震、慧雲等傳。

三十、《興德科》，慧明、道紀、法稱、真觀、法韻、立身、善權、智果、慧常、法琰、智凱、寶嚴等傳。

然此傳三十卷乃大唐宣律師所集也，續前皎法師所撰，故云耳。

既 二經

辯證論

《辯證論》，八卷。

一、唐琳法師所撰也。八卷十二篇，明三教出興，因依姓氏宗裔也。《三教治道篇》上卷。

二、《三教治道篇》卷下，明經書所出實僞。

三、《十代奉佛篇》卷上，自漢、晉、宋、齊、梁、陳、隨帝王、宰輔、官庶等緣。

四、《十代奉佛》下卷，自高祖神堯皇帝、太宗皇帝、大臣、官僚、國族、王親等。

五、《佛道先後篇》，明所生闡教利生年月出處。

六、《釋李師資篇》，明老子事佛也。

《十喻篇》，答傳道士十界論也。

《九箴篇》，誡其邪見也。

《氣爲道本篇》，明虚妄錯亂計執爲是也。

七、《信毁交報篇》，明信正則善報，毁則惡現報也。

《品藻衆書篇》，明教法真僞，辨其妄造也。

八、《出道僞謬篇》，靈文分散，靈寶改佛經爲道經，偷佛法四果十地。道經未出言出，道士合氣，天尊及化諸子爲道書等也。

《歷世相乘篇》，明道家不本老子，妄認太羅玄洞等神仙也。

《歸心有地篇》，述梁武捨道事佛，歸心有地，敕文及受戒也。

破邪論

《破邪論》，二卷，太史令傅奕上《沙汰佛法論》十一章，琳法師一一辨其所以，破其邪見。免一切人墮無因果，入三惡道受苦報也。前《辨正論》中宮學士陳子良作序，加以注解此論。秘書監虞世南作序，皆助佛揚化，生正見也。

集 三經

十門辯惑論

《十門辯惑論》，三卷。

上、唐復禮法師作此論，解人疑惑邪見，歸佛法正見也。一通力上感門，二應形俯化門，三净穢土别門，四迷悟見殊門，五顯實得記門。此五門上卷解説。

中、六反經讚道門，七觀業救捨門，八隨教抑揚門。

下、九化佛隱顯門，十聖王興替門。已上十門義，答太子文學，權無二釋典，稽疑十二諦説也。

甄正論

《甄正論》，三卷。上中下，白馬寺僧玄嶷造此論，設滯俗公子問於甄正先生，謂時俗昧於正見，多逐邪佞，故甄别邪正，使行正道也。

弘明集

《弘明集》，十四卷。

一、僧祐律師集前後弘護佛法，國王、大臣、官僚、仕庶、僧徒所述辯明之事也，牟子《理惑正誣論》也。

二、宗炳《明佛論》，蓮社中客也。

三、孫綽《喻道論》，宗炳難何承天《白黑論》書也。

四、顔延之光禄難何承天《達性論》。

墳 十卷

弘明集

五、《更生論》《神不滅論》《沙門不敬王者論》《沙門袒服明報應論》《善惡現驗三報論》也。

六、恒法師《釋駁論》《正二教論》，難融律師謝鎮《夷夏論》。

七、《難夷夏論》《諮夷夏論》《駁夷夏論》《戎華論》等。

八、《辨惑論》《滅惑論》順師析《三破論》等也。

九、梁武《立神成佛義記》，沈績作序并注，蕭琛、曹文思難范縝《神滅論》二篇也。

十、梁武敕答臣下《神滅論》，雲法師與朝貴往還書。

十一、何尚之答宋文帝問佛法事，高明二師答李周書，文軒王與孔中丞釋疑惑，恒標二法師答姚主書，僧䂮、僧遷答姚王書，遠法師答桓玄書。

十二、習鑿齒上安師書，譙主論孔、釋，鄭道子與禪師書，范伯倫書表，義法師答何充奏沙門不應拜，桓玄遠法師八坐等往還書，道盛論檢試僧也。

十三、郗喜賓奉法要，顔延之《庭誥》二章，王該日燭等。

十四、《檄太山文》《檄魔文》《破魔露布文》，祐師《弘明集後序》。

廣弘明集

典 十卷

《廣弘明集》，三十卷。

一、宣律師集，此廣前祐師所集也，爲十篇義。

《歸正篇》，太宰問孔子聖人，老子以佛爲師。《漢法内傳》，《後漢郊祀本志》，吴主論佛化三宗，宋文帝集群臣論佛法事，元魏孝明帝述佛先後也。

二、《歸正篇》，《元魏書·釋老志》《高齊書·述佛志》，皆名臣作也。

三、江淹《遂古篇》，顔光禄《歸心篇》，阮孝緒《七録序文》。

四、《歸正篇》，梁武捨道事佛，齊文宣帝《捨道詔》，彦悰《通極論》。

五、《辯惑篇》，陳思王《辯道論》，孫盛《老子非大賢論》，沈約《均聖論》。

六、《辯惑篇》，宋世祖、唐高祖、王度、顔延之、蕭摹之、周朗、虞愿、張普惠、李瑒衛、元嵩、顧歡、邢子才、高道讓、盧思道也。

七、《辯惑篇》，梁荀濟、章仇子、陀衛、元嵩、顧歡、劉惠林、邢子才、唐傅奕等。此二滯納惑也。

八、《辯惑篇》，魏太武帝擊像、焚經、坑僧，周武帝廢立二教議，道安法師作《二教論》以明也。

九、《辯惑篇》，舍人甄鸞作《笑道論》也。

十、周武帝立通道觀，惠遠法師抗對周武帝，任道林對周武帝開陳佛法事，王明廣對周天元，辯衛元嵩事也。

亦 八卷

廣弘明集

十一、太史傅奕上《省佛僧表》，法師法琳作《箴彈》及《破邪論》并表上秦王啓等。

十二、《辯惑論》，振響寺明槩決對傅奕上表廢佛法僧事并表也。

十三、《辯惑篇》，琳法師作《十喻篇》，破李道士十異也。

十四、《辯惑篇》，唐門下典儀李師政作《内德論》，此論極精微。

十五、《佛德篇》，支道林《佛讃》，遠法師《佛影銘》，謝靈運《佛法銘》，《佛記序》沈約作。宣律師《佛瑞像集》，梁武帝出《育王十六詔》，晉安王《菩提頌唱導文》，王僧孺《歸佛發願誓文》。

十六、《佛德篇》，梁簡文帝謝述佛法事《書啓》十四首，并奉阿育寺錢啓，沈約等作寺刹像等《銘》一十首。

十七、《佛德篇》，隨高祖《立舍利塔詔感應記》，感應表賀等。隨文帝《立舍利塔詔》，岐州、雍州乃至蔣州等十六州塔。

十八、《法義篇》，戴安《釋疑論》《與遠師書》，周道祖《難釋疑論》，何承天《報應論》，謝靈運《辨宗論》，秦王述佛法説深義等也。

聚 七卷

廣弘明集

十九、沈約《内典序》，皇太子《發講》《解講》二疏，竟陵王《與劉虬書》，梁太子請武帝講《金字般若》并《般若序》《般若義》，并謝御講般若竟。

二十、梁太子上《大法頌》并《表》，上《玄圃講頌》，武帝《涅槃經疏序》，湘東王《法寶聯璧序》，簡文帝《成實論序》，元帝《内典集林序》，唐玄則《禪林妙記序》，李大夫《法苑序》。

二十一、《法義篇》，梁朝太子、諸王、朝臣、法師等，作二諦義、法身義謝講啓疏。

二十二、沈約《生佛不相異義》《六道相續作佛義》《因緣義》《形神義》《難神不滅義》。僧真觀《因緣無性義》，魏收《一切經發願文》，王褒《願文》，隋煬帝《願文》，太宗《三藏聖教序》，中宗《聖記》，褚亮《般若心經序》等也。

二十三、《僧行篇》，曇諦、羅什、法綱、道生、曇隆、慧遠、玄敬、玄運、智稱、玄景、净秀等。

二十四、《僧行篇》，魏孝文《褒揚僧德詔》，沈約《中食論》《設會論》，梁簡文上《吊澄法師》等十五《書》。

二十五、《僧行篇》，彦悰《福田論》，唐高祖《出家損益詔》《沙汰佛道詔》《令道士在僧前詔》《敬三大詔》。

群 五卷

廣弘明集

二十六、《慈濟篇》，沈約《究竟慈悲論》，周顒《止殺書》，梁武《斷殺詔》《斷酒肉文》，顔之推《戒殺家訓篇》。

二十七、《誡功篇》，遠法師《與劉遺民書》，梁元帝《與蕭諮議》等《書》，簡文帝《與湘東王書》，隋煬帝《與智者禪師書》，受菩薩大戒，智者《上煬帝書》，宣律師《統略》，齊文宣《浄行法》。

二十八、《啓福篇》，秦、晉、燕國王《與太山朗師書》，沈約《爲太子作佛願疏》《郡王捨身疏》，梁武《行懺悔文》，簡文帝《度人出家願文》《八關齋序》《造寺疏》《敕賫袈裟願與諸寺作檀越》《與湘东王》等《書》，魏《三臺寺詔》，隋《爲祖及戰場造寺詔》，唐太宗《行陣處立七寺爲陣亡設齋詔》《捨宅爲寺詔》《度僧天下詔》《斷賣佛像詔》《爲穆太后追福詔》。

二十九、《滅罪篇》，梁簡文帝《涅槃懺文》《六根懺文》《悔高慢文》，武帝《悔文》《依經悔過文》。

《統歸篇》，梁武《浄業賦》《孝思賦》，《七山賦》，《鹿苑賦》，《大乘賦》，《詳玄賦》，《玄圃苑講賦》，《夢賦》《傷弱子賦》，《無爲論》，《伐魔詔》《檄文》，《奏平心露布》。

三十、《統歸篇》，晉、宋、齊、梁、陳、周、隨、唐已來，帝王、大臣、親王、官僚、名賢、法師等，三十七家詩頌。

英　六經

南海寄歸内法傳

《南海寄歸内法傳》，四卷。

上、義浄三藏在南海，見律部中出家人合行儀法，集成四十條例，寄歸中國，令僧依行，故云耳。一破夏非小，二對尊之儀，三食坐小牀，四飡分浄觸，五食罷去穢，六水有二瓶，七晨旦觀虫，八朝嚼齒木，九受齋赴請等緣。

二、十衣食所須，十一著衣法式，十二尼衣喪制，十三結浄地法，十四五衆安居，十五隨意成規，十六匙筋合否，十七知時而禮，十八便利之事。

三、十九受戒軌則，二十洗浴隨時，二十一坐具襯身，二十二卧息方法，二十三經行少病，二十四禮不相扶，二十五師資之道，二十六客舊相遇，二十七先體病源，二十八進藥有方，二十九除其弊藥，三十旋右觀時。

四、三十一灌沐尊儀，三十二讚詠之禮，三十三尊敬乖式，三十四西方學儀，三十五長髮有無，三十六亡財僧現，三十七受用僧衣，三十八佛遮燒己，三十九傍人獲罪，四十古德不爲。

三水要行法

《三水要行法》，一時水，知無虫用也。二非時水，澡荳土屑也。三觸用水，但得無虫，不須分。

禮懺儀

《禮懺儀》，二卷。

上、即一切恭敬等文，則今之天下比丘爲作佛事儀也。

下、往生禮讚偈，則六時佛事，三業清浄，進修浄土天宫之法門也。

尼傳

《尼傳》，四卷，梁寶唱作《名僧傳》，遂集此傳，顯佛法中出家二衆各有人也。自浄檢等七十五比丘尼，出家修行實行緣。

右聖賢傳記，有譯本者六十八部，計一百七十三卷，共五十帙，天竺法師所述也。無譯本者四十部，計三百六十八卷，共四十三帙，華夏高人所撰集也。若通前計大小乘經律論，總五千四十餘卷，四百八十帙。以《開元釋教録》爲準，則今撮略品目所集也。其餘隨藏添賜經傳三十帙，未入藏經二十七帙。天下寺院藏中，或有或無，印經官印板却足，故未録略在，知者可鑒耳。

禪門傳録，共一百卷。

寶林傳

《寶林傳》，十卷，西天勝持三藏，同金陵沙門惠炬，於韶州曹溪寶林山集，靈徹師序。其間唯後漢員外張成撰《大迦葉碑》文，事迹詳美，諸祖緣起如《傳燈》所録也。

景德傳燈録

《景德傳燈録》，三十卷，東吴僧道原集録，上進真宗皇帝，敕翰林學士楊億作序，入藏流通，賜逐年聖節度僧，一名今蘇州承天寺永安院恩澤是也。

一、七佛迦葉初出，至十四祖龍樹尊者也。

二、十五祖提婆尊者，至二十七祖般若多羅等傳。

三、達磨、二祖、道育、道副、尼總持、三祖、四祖、五祖等傳也。

四、牛頭融師、北宗神秀、安國師，三宗嗣法傳也。

五、六祖及嗣法思禪師、讓禪師等傳録也。

六、馬大師及百丈等傳。

七、三角印宗禪師等傳嗣馬祖也。

八、無業禪師等傳嗣馬祖也。
九、潙山、章敬、西堂、如會四宗嗣法等傳。
十、趙州及鹽官嗣法兩宗等傳。
十一、仰山、大安、嚴揚等嗣法諸傳也。
十二、臨濟及嗣法并同派諸宗等傳。
十三、風穴、首山及神會一宗自圭峰禪師等傳。
十四、清源思禪師嗣法石頭、天皇、丹霞、藥山、大顛等傳。
十五、龍潭、德山、清平、投子、石霜、洞山、夾山等傳也。
十六、雪峰、嚴頭、瓦官、九峰、洛浦、盤龍等諸傳。
十七、雲居、龍牙、曹山、疎山、羅山、白兆、同安察等傳。
十八、玄沙、長慶、長生、鼓山、保福等傳。
十九、雲門、大原孚等傳，皆雪峰嗣法。
二十、佛日、報慈、石門、太平等傳。
二十一、羅漢琛禪師及同派諸宗傳也。
二十二、智門、巴陵、香林、德山、雙泉等傳。

二十三、洞山初禪師、奉先深、清涼明等傳。

二十四、法眼、進山主、修山主、明招、梁山觀等傳。

二十五、韶國師、法燈禪師、法眼禪師嗣法一宗傳。

二十六、勳禪師、柔禪師、天平倚、圓通道濟禪師、太陽明、安慧日、智覺壽禪師等傳也。

二十七、誌公、傅大士、思大、天台智者、僧伽、萬回、豐干、寒山、拾得、布袋、諸方徵拈代別。

二十八、忠國師、神會、馬祖、藥山、大珠、無業、南泉、趙州、臨濟、玄沙、羅漢、法眼等諸師《廣語》。

二十九、《大乘讚》《十二時》《十四科》，歸宗、香嚴、洞山、羅漢、勁頭陀、玄沙、龍牙、法眼，《十玄談》等《頌》，德敷、僧潤詩，白太傅《八漸偈》。

三十、《心王銘》《信心銘》《心銘》《息心銘》《入道四行》《顯宗記》《參同契》《問心要》《坐禪箴》《證道歌》《了元歌》《懶瓚歌》《草庵歌》《樂道歌》《一鉢歌》《浮漚歌》《牧護歌》《古鏡歌》《遍參三昧歌》《心珠歌》等也。《翫珠吟》《獲珠吟》《歸寂吟》。此但略標也，蓋禪人日夕看讀耳。

天聖廣燈録

《天聖廣燈録》，三十卷，駙馬都尉李遵勖集録，上進仁宗皇帝，御製《序》文，敕隨《大藏》傳布。然此録當《傳燈》後二十年，日月未遠，機緣亦少，以此語句大同小異。今於二《録》，標其卷次宗派，照於斯《録》中所載，宗師緣起語要，昭然可見。

建中靖國續燈録

《建中靖國續燈録》，三十卷，法雲禪寺佛國禪師惟白集録，同駙馬都尉張敦禮，上進今上皇帝，賜御製御書《序》文，敕隨《大藏經》，流布天下，逐年聖節度僧一名，今法雲禪寺奏守御書者是也。

一、西竺二十八祖，唐土六祖，南岳、清源、石頭、馬祖、天皇、百丈、龍潭、黄蘗、德山、臨濟、雪峰、興化、雲門、南院、首山、風穴、汾陽等傳也。

二、香林遠禪師、薦福古禪師、智門祚禪師、蓮華峰庵主等傳也。

三、雪竇明覺、雲蓋鵬和尚、九峰勤、洞山寶、上方岳、金山新、開先進、禾山才諸禪師傳也。

四、慈明禪師、大愚芝、琅琊覺、海會舉、石霜永、浮山遠、金山穎、杖錫己、夾山英等諸禪師傳也。

五、天衣懷、承天宗、長蘆福、龍興傳、圓通訥、雲居舜、大爲宥、明教嵩等諸禪師傳。

六、大覺璉禪師、崇辯銑禪師、佛印禪師、正覺逸禪師等諸知識傳也。

七、黄龍南、道吾真、楊岐會、翠巖真、蔣山元、浄慈遂、泉大道、泐潭月、定慧信、定山方等諸禪師傳并各派也。

八、浄因浄照臻禪師，西天竺岳、雲峰悦、金山賢禪師等傳。

九、圓照禪師，覺海冲、長蘆夫、棲賢遷、三祖會、鐵佛因、報本存等傳。

十、圓通禪師，佛日才、天鉢元、上藍達等諸禪師傳也。

十一、蔣山泉、慈雲惠、歸宗通、大中隆、南豐因等禪師傳。

十二、東林照覺禪師，黄龍心、黄蘗勝、仰山偉、泐潭英、大潙秀、福嚴感、報本元、承天琦、圓通璣等諸禪師傳。

十三、佛陀禪師，歸宗文、雲居祐、隆慶閑、三祖宗、百丈肅等諸禪師傳。

十四、真如禪師，海會端、保寧勇、上藍晉等諸禪師傳。

十五、大通禪師，金山寧、甘露宣、天童齊、香山泳等禪師傳。

十六、投子顒、佛日慧、覺岳禪師、定慧式、隱静儼、永樂一等傳。

十七、蔣山策、普照英、開先珣、法雲白等諸禪師傳也。
十八、夾山齡、華嚴佛慧禪師、元豐滿、新羅頣等傳也。
十九、泐潭乾、開先瑛、東林佛海禪師、圓通遷等諸禪師傳。
二十、雲蓋本、福嚴演等諸禪師傳也。
二十一、佛印清禪師、系南師、佛光無礙正禪師等傳。
二十二、大潙瑃、開福演、谷隱顯、薦福英等禪師傳。
二十三、兜率悦、報慈英及同派下諸禪傳也。
二十四、育王達、大潙評、惠力源、四祖宣等師傳也。
二十五、雙林昌、净慈明、徑山悟、金山仲、雙林光、二祖果、乾明因等傳。
二十六、投子青和尚，招提揩、少林恩，及諸宗嗣法傳。
二十七、諸方拈古。
二十八、諸方頌古。
二十九、諸方偈頌。
三十、諸方宗師述作宗教偈頌并劄子，及上皇帝書，天使宣取降賜御製序，稱謝開板上進，一宗勝事來歷并在此卷中。

式觀禪宗，肇乎先佛數周塵劫，曷紀歲時。原自鷲峰，授手鷄嶺。笑顔花綻千枝，源分万派，普傳竺國，大播華夷。繼代機緣，集成傳録。然竺天祖師傳法偈頌讖語，生緣翻譯，在於何時流通，載於何代？謹桉禹門太守楊衒之《銘系記》云：東魏静帝興和四年庚申歲西魏文帝大統六年，梁武帝大同六年也，高僧雲啓往西竺求法。至龜茲國，遇天竺三藏那連耶舍，欲來東土傳法。雲啓曰：「佛法未興，且同止此。」遂將梵本，共譯爲華言。雲啓去遊印土，那連耶舍親將至西魏。值時多故，乃入高齊，文宣帝禮遇甚厚，延居石窟寺。以齊方受魏禪，未暇翻譯别經，乃將龜茲與雲啓所譯《祖偈因緣》，傳播居士萬天懿，殷勤叩問，深悟玄旨，遂將校對。昭玄沙門曇曜，同西天三藏吉迦夜所譯《付法藏傳》，失於次序，兼無偈讖，乃寫本進去魏朝，證其差謬。《付法藏傳》當魏武真君年中，信崔浩、寇謙邪説，毁滅佛法。至文成帝和平中，重興，故缺也。梁簡文帝聞魏有本，遣使劉玄運往傳寫，歸建康，流布江表。大唐貞元中，金陵沙門惠炬將此《偈》往曹溪，同西天勝持三藏重共參校，并唐初已來傳法宗師機緣集成《寶林傳》。光化中，華嶽玄偉禪師集貞元已來出世宗師機緣，將此《祖偈》，作其基緒，編爲《玄門聖胄集》。開平中，南岳三生藏惟勁頭陀又録光化已後出世宗匠機緣，亦以《祖偈》爲由致，集成《續寶林傳》。皇宋景德中，吴僧道原集開平已來宗師機緣，成《傳燈録》，上進真宗皇帝，敕翰林學士楊億、兵部員外郎李維、太常丞王曙，同議校勘，備檢古今傳記證之。尋具奏聞，降詔作序，編入《大藏》頒行。天聖中，駙馬都尉李遵勖參石門聰禪師，發悟心地，因聚禪學僧，集景德已來出世宗師語要，列此《祖偈》爲根系，多總事緣，成《廣燈録》。上進仁宗皇帝，御製《序》文，敕隨《大藏》流通。建中靖國元年秋，惟白集天聖已來出世宗師機緣，憑此《祖偈》以爲標本，成《續燈録》，上進今上皇帝，御製《序》文，敕入《大藏》傳布，使百千萬世知佛祖妙道。在吾炎宋，特盛於天下，得非佛菩薩示現爲國王大臣者乎？

禪教五派宗源述

夫出家作沙門者，須悟佛心宗，明見本性，解佛教旨，通暢精義，則禪定戒慧，了然圓證。如説而行，乃真佛子也。若滯之一隅，則偏而不通。或二俱未習，則名字比丘，良可傷哉！且佛心者，祖祖密傳，直指悟心證性，乃雲門、臨濟、曹洞、法眼諸禪門宗師之所提唱也。佛語者，則師師演説，以論浄戒定慧，乃賢首、慈恩、天台、南山諸教門法師之所闡揚也。然諸宗門下，接踵傳持，各代有其人，不可備論矣。子傳佛心，外窮佛語旨。常閲《大藏經》，以其字號，隨函卷軸，考束部類，品題撮義，摭而録之。庶幾五千餘卷綱目，頓現定境。抑亦俾乎來者於此先明大旨，然後批其經文，則皎如鏡像。其或踏著透脱一路，無俟斯矣。然傳道傳教宗源，因而述之，俾不滯偏局而通弘法道、莊嚴聖世也。且如來在多子塔前，分半座而授手金色頭陀，使傳正法眼，令教外別行，付上根輩，而天竺繼之者二十七世。達磨入于中國，傳乎可祖。至於六代曹溪門下，分枝列派。以之今日諸宗師共所提唱者，謂之直指悟心見性宗，乃曰禪門也。

如來在菩提場，文殊、普賢二大士當機啓悟。而後馬鳴、龍樹二祖師，青目清辯二尊者，洎智光法師次第傳演。中國則帝心禪師、智儼尊者、賢首、清涼二國師，洎圭峰定慧廣而序述。以之今日諸法師共所闡揚者，謂之一念圓融具德宗，乃曰賢首教也。

如來在鷲峰山，慈氏菩薩啓蒙識智，而後無著、天親二大士，護法、難陀二尊者，洎戒賢法師續明斯旨。中國則三藏奘師、慈恩基師大爲嗣述，謂之三乘法相顯理宗，乃曰慈恩教也。

如來在給孤獨園，優波離躬行性相戒法，而後分諸部類。鷄頭寺耶舍尊者，以至諸派嗣續弘持。中國則僧護、慧猷、僧業、僧祐諸高僧，洎澄照宣師，恢弘細行，以之今日諸律師共所持守者，謂之行事防非止惡宗，乃曰南山教也。

如來滅後五百年，龍樹祖師傳正法眼，外述《中論頌》，而後青目尊者、分別明菩薩條暢妙義。中國則惠文禪師、思大和尚、智者國師，洎灌頂、左溪朗、荊溪然三尊者，續大玄旨。以之今日諸講師共所發揮者，謂之四教法性觀行宗，乃曰天台教也。

然教分五宗，實樞機如來所説，經、律、論靡不該羅，其道本一貫也。竊嘗以塑佛像者爲喻，喻之何謂也。若慈恩教者，如立佛骨上筋泥也。南山教者 如裹佛細泥緻密也。天台教者，如安佛五臟，内備也。賢首教者，如裝佛金彩色澤也。禪門宗者，如著佛眼珠開光明也。如是則闕一而不可也。在乎智者，以譬喻得解耳。在大悟性者，各宗本具。

大藏經綱目指要録五利五報述

崇寧二年癸未春，得上旨游天台。中秋後，至婺州金華山智者禪寺，閲《大藏經》。仲冬一日丁丑，援筆撮其要義，次年甲申仲春三日丁未畢之，計二十餘萬字。因而述曰，且寡聞比丘不足以爲人師表者，古今聖賢共所深誡之格言也。故集斯《大藏》經、律、論、傳記綱目指要，以資多聞者舉揚應其機器耳。况如來聖教若大海，浩渺無涯，待舉一因一緣，何由便見也。金於四百八十函，則函函標其部號。五千餘卷，則卷卷分其品目。便啓函開卷，即見其緣起耳。然所集者，其利有五。

一、宗師提唱者，得隨宜開覺故。何謂也？向上玄樞，應乎大器。俯徇情性，在乎順機。故弘宗禪教，以方就圓。須假博聞，待乎來問。故集斯《録》，益真接化貴言，有稽古道，取信於人也。

二、法師講演這，資闡明訓徒故。何謂也？傳教者宜談妙義，聽習者專諳理實。一部微言，必有所證。或引經律論文，或考疏鈔傳記。略無所據，義理難信。故集斯録，緩急證其駕説，使有端緒也。

三、樂於注撰者，助檢閲引文故。何謂也？作歌頌者，讚揚妙道。述疏鈔者，發揮聖言。臨文引據，一事一緣，貴出典章，製不妄啓。故集斯《録》，以待伸紙操毫，而無凝思也。

四、有緣看《藏》者，易曉品義故。何謂也？出家佛子，若曾聽經論，或參問知識，則一覽聖教，其義了然。既未然者，不了法味，則空益疲勞。故集斯《録》，俾見大旨，然後披文，乃深入法藏也。

五、無因披教者，知藏乘要義故。何謂也？在家菩薩居仕宦者，致君澤民，職務駢冗。處黎庶者，家業縈繁，公私逼迫。以故無因披閲藏教，設若有暇，何處取經？故集斯《録》，使人人知其法義，家家有大藏因緣，資乎種智而脱死生也。

然以斯五利，而報恩亦有五也。

一、國王恩者，威德普覆，令安然行道故。何謂也？恭念今上皇帝佛會菩薩，現爲明君。慈育四生，崇隆三寶。詔談祖道，序行《續燈》。希世遭逢，曠古未有。如是聖恩，云何可報？經云，欲報君恩，當弘佛法。故集斯《録》，使佛法慧命無窮，則睿筭國祚亦無窮也。

二、外護恩者，牆壍住持，得如意唱道故。何謂也？竊思二十餘年，三居禪刹。承御寶親披，蒙朝廷降旨。皆出貴公，特達敷奏。或安全保佑，或以道吹噓。至如宰相，天下具瞻。微賜顧接，終身榮幸，豈況揄揚讚道也。

三、父母恩者，頓割深愛，捨出家求道故。何謂也？緬惟生育，又付明師。授之以經書，教之以仁義。復令從釋，訪道循方，心契玄源，身長出離。其如此也，何可報焉？經云，若不傳法度衆生，畢竟無能報恩者。故集斯録，使佛法僧播，以答劬勞，期乎佛記也。

四、師長恩者，攝授教約，得參微契本故。何謂也？每想慈訓得度，受業和尚也。指心見性，明眼宗師也。交肩道伴，則一瞬一揚。知心益友，則一言一句。警悟死生，資成解脱。若斯厚德，如何可報？經云，欲報師恩，當説法度人。故集斯《録》，使佛法種智不斷，以答法汝也。

五、檀越恩者，隨乞供資，助成聖道故。何謂也？且原游方十七載，住持二十年，三處焚修，四事供養。資身資道，唯信唯檀。上自越國大主太尉張公，及内外朝賢，遠近善友，皆同心向道，共成佛事。如斯益我，何可報之？經云，了悟心性，通明佛法，報信施恩也。故集斯《録》，使佛法增盛，同成佛果耳。

然五報者，則報無所報，無報可報也。其五利者，則利無所利，無利可利也。具正法眼者，同爲證焉。

圖書在版編目(CIP)數據

大藏經綱目指要録 / (宋) 惟白集;釋明向主編;馮煥珍執行主編;夏志前整理. —上海: 上海古籍出版社, 2020. 4
(雲門宗叢書)
ISBN 978-7-5325-9509-9

Ⅰ. ①大… Ⅱ. ①惟… ②釋… ③夏… Ⅲ. ①大藏經—研究 Ⅳ. ①B941

中國版本圖書館 CIP 數據核字(2020)第 040229 號

雲門宗叢書
大藏經綱目指要録
(全二册)
[宋] 惟白 集
夏志前 整理
上海古籍出版社出版發行
(上海瑞金二路 272 號 郵政編碼 200020)
(1) 網址: www. guji. com. cn
(2) E-mail: guji1@guji. com. cn
(3) 易文網網址: www. ewen. co
常州市金壇古籍印刷有限公司印刷
開本 890×1240 1/32 印張 29. 125 插頁 14 字數 559,000
2020 年 4 月第 1 版 2020 年 4 月第 1 次印刷
ISBN 978-7-5325-9509-9
B · 1127 定價: 149. 00 元
如有質量問題,請與承印公司聯繫